RECUEIL D'ETUDES
DU
GROUPE PARLEMENTAIRE POLONO-FRANÇAIS
EN POLOGNE

1.

POLOGNE
ET
ALLEMAGNE

VARSOVIE 1929

RECUEIL D'ETUDES
DU
GROUPE PARLEMENTAIRE POLONO - FRANÇAIS
EN POLOGNE

1.

POLOGNE
ET
ALLEMAGNE

VARSOVIE 1929

Odbito w drukarni „Robotnik", Warecka 7.

COMITE DE REDACTION

AVANT-PROPOS.

Le présent cahier est le premier d'une série de publications non-périodiques paraissant sous le titre général de „Recueil d'études du groupe parlementaire polono-français". Les cahiers suivants paraîtront à des intervalles de trois mois environ.

Chacun d'eux sera consacré à l'étude d'ensemble d'une question donnée ayant trait à la vie intérieure de la Pologne ou à ses relations internationales. La rédaction s'efforcera de réserver aux représentants des diverses tendances politiques la possibilité d'exposer leurs différents points de vue en ce qui concerne les problèmes traités, ce qui permettra d'en envisager, autant que possible, tous les aspects. Nos amis étrangers pourront, ainsi, se rendre directement compte sous quel jour se présente telle ou telle question aux yeux des divers groupements politiques. Nous serions très heureux que notre publication les encourageât à nous faire part de leurs précieuses observations au sujet des pro-

blèmes qui intéressent la Pologne. Nous insérerions ces remarques, dans la mesure du possible.

Nous ajouterons à chaque cahier une courte chronique exposant les travaux du parlement polonais et l'état des questions les plus importantes qui figurent à son ordre du jour. Nous consacrerons également notre attention à toutes les organisations politiques internationales, à l'activité desquelles prennent part les membres de la Diète et du Sénat polonais.

STANISŁAW THUGUTT
ANCIEN VICE-PRESIDENT DU CONSEIL DES MINISTRES,
ANCIEN DEPUTE.

Les relations polono-allemandes.

Une des questions qui contribuent le plus à rendre la période d'après-guerre si difficile et si trouble est celle des rapports mutuels entre la Pologne et l'Allemagne ou plutôt du conflit polono-allemand. Il est possible que ce conflit ne menace pas immédiatement la paix du monde; cependant, sa durée et sa ténacité devraient attirer davantage l'attention universelle, car des nuages chargés d'électricité s'amoncellent dans l'Est de l'Europe. Ce n'est pas une question purement polonaise ou purement allemande, c'est un des grands problèmes de la politique mondiale qu'on ne peut ni passer sous silence ni oublier ni, moins encore, mal résoudre. Pour que ce problème soit résolu, il faut qu'il soit bien connu et bien compris.

Il faut, avant tout, déterminer l'objet et les limites du conflit et, en même temps, sa nature réelle.

De quoi, en effet, s'agit-il? D'après l'Allemagne, — et je ne parle pas seulement de l'Allemagne officielle, mais bien de la grande majorité de la presse et de l'opinion publique allemandes — les clauses du traité de Versailles et des actes internationaux qui lui ont succédé, en vertu desquelles l'Allemagne a dû céder à la Pologne une partie de la Haute-Silésie et certains territoires bordant la Vistule inférieure, sont contraires au sentiment de l'équité et constituent une injustice flagrante qui doit être réparée le plus rapidement possible. Les arguments des Allemands sont les suivants: d'abord, les provinces en question leur ont été enlevées par la violence, ensuite elles font partie d'un ensemble de territoires essentiellement allemands, enfin la séparation de la Prusse Orientale du reste de l'Empire par la création d'une Poméranie polonaise est une atteinte à l'honneur d'une grande puissance; quant à la situation économique qui en résulte, elle met en péril l'avenir de la province en question et entrave, et peut-être même empêche, la cicatrisation des blessures de la guerre.

Aucune de ces thèses ne peut être admise par la Pologne. L'injustice dont se plaignent les Allemands n'est, en fait, qu'une réparation, d'ailleurs partielle, du partage de la Pologne, qui fut l'une des plus grandes iniquités de l'histoire du monde. En ce qui concerne la violence, nous Polonais, nous estimons qu'elle le cède, en tous les cas, à celle dont aurait fait preuve l'Etat-Major de l'Allemagne impériale, en cas de victoire. Du reste, les territoires cédés à la Pologne ne sont et n'ont jamais été des territoires allemands au point de vue de la langue, de l'origine et de la conscience nationale de la population. S'il s'agit, d'autre part, de la domination politique, il ne faut pas oublier que le temps pendant lequel la Poméranie a fait partie de la Pologne dépasse plusieurs fois la durée de la domination prussienne. Dans ces conditions, il me semble qu'il est tout à fait hors de propos de parler d'atteinte à l'honneur national allemand. Du reste, je trouve qu'il serait grand temps de réviser cette fausse conception de l'honneur, en vertu de laquelle la patrie doit toujours avoir le dessus, quelle que soit la situation objective et sans égard pour la justice. Restent les arguments économiques. Ce n'est pas de notre faute si la Prusse Orientale, pauvre en terres de culture, faiblement peuplée, privée d'industrie et constituant un marché sans grande capacité d'absorption, souffre considérablement de la concurrence des produits agricoles polonais exportés en Allemagne. La situation ne changerait nullement en cas d'annexion de la Poméranie à l'Allemagne; seuls les tarifs ferroviaires seraient modifiés au détriment des provinces à population polonaise et en faveur de la Prusse Orientale qui se trouve dans une situation trop excentrique par rapport au reste de l'Allemagne.

Il résulte de ce qui procède que, malgré le sentiment d'humanité et malgré toute l'horreur que nous inspirent sincèrement les violents conflits entre voisins, il est difficile d'exiger de la Pologne qu'elle adopte une politique de tarifs qui sacrifierait les intérêts de millions de ses nationaux au profit d'une fraction du peuple allemand qui, par la voie de conquêtes militaires, a poussé ses frontières un peu trop loin vers l'est. Nous n'avons ni la possibilité ni l'obligation de modifier des conditions géographiques.

Tel est le conflit et telles sont ses causes, du moins celles qu'on reconnaît et qu'on invoque publiquement. Le problème est, sans aucun doute, très inquiétant. „Il faut rassembler toutes ses facultés d'optimisme au moment d'aborder le problème des relations d'avenir entre l'Allemagne et la Pologne", écrit M. Jean Montigny dans sa brochure publiée récemment sous le titre: „Le problème franco-allemand". S'il s'agit de la Pologne, je crains que son optimisme à l'égard du danger que représentent pour elle les prétentions allemandes soit plutôt trop grand que trop petit.

Ces prétentions et le désir de détruire la frontière occidentale de la Pologne s'affirment avec une force croissante, comme ces flots démontés dont la fureur augmente sans cesse sous la poussée constante d'un vent violent. D'importantes associations travaillent uniquement à organiser une pression morale toujours plus forte contre la Pologne. Cette action rencontre l'approbation sympathique de presque toute la nation allemande, de presque toutes les classes du peuple, de tous les partis, à l'exception du groupe des vrais pacifistes qui, avec un courage héroïque, cherchent à guider l'Allemagne vers un idéal moral nouveau. Les déclarations affirmant que l'Allemagne n'acceptera jamais comme définitives ses frontières orientales actuelles viennent des personnalités les plus responsables, des membres du gouvernement, des représentants de l'Etat. Le traité polono-allemand de Locarno, en s'abstenant de reconnaître la frontière actuelle comme définitive, la met par là-même en question. En dépit des affirmations contraires réitérées des Allemands, il ne nous garantit même pas contre la guerre; il se borne à nous assurer qu'avant que la guerre n'éclate, nous aurons à passer par une série d'essais de réglement pacifique à la Commission de Conciliation. Le pacte Kellogg est un acte juridique proclamant un certain principe moral de caractère général, mais il ne prévoit aucune sanction. C'est un pas en avant, mais un premier pas, qui devra être suivi d'un grand nombre d'autres. La seule garantie de sécurité pour la Pologne sur laquelle l'optimisme polonais peut fonder ses espoirs, c'est donc le Traité de Versailles. Il est incontestable qu'en ce qui concerne la délimitation des frontières polono-allemandes, la clarté et la précision de cet acte ne laissent rien à désirer. C'est peut-être pour cette raison qu'on l'attaque et qu'on le sape sans répit. S'il est vrai, comme l'a dit Napoléon, que la Pologne est la clé de voûte de l'Europe, il faut constater que les coups de pic qui s'efforcent de l'ébranler sont de plus en plus violents et acharnés.

Il est vrai que, du côté allemand, on nous assure que la modification des frontières ne résultera pas de la guerre. Mais de quelle guerre veut-on parler? S'il s'agit des canons, nous sommes prêts à croire que leur voix ne se fera pas entendre de sitôt. Cependant, depuis plus de quatre ans nous sommes en état de guerre douanière avec l'Allemagne, et cette guerre sans nécessité, sans aucun sens, ce n'est pas nous qui l'avons déclenchée.

Dans le domaine de la politique mondiale nous nous heurtons, à chaque pas, aux tentatives que font les Allemands pour affaiblir notre position et pour nous reléguer à l'arrière-plan. Même dans nos affaires intérieures, nous découvrons trop souvent la main hostile de voisins mécontents de notre existence, qui excite tous les séparatismes, toutes les tendances anti-polonaises. En présence de cet état de choses nous sommes malheureusement obligés de constater que, si nous ne sommes pas formellement en état de guerre avec l'Allemagne, la paix qui règne entre nous est loin d'être amicale.

Il me semble qu'il serait grand temps non seulement pour nous-mêmes en Pologne, de procéder à une analyse détaillée de cette belle expression: „la modification pacifique des frontières". Y a-t-il quelqu'un d'aussi naïf pour supposer que les Polonais se laisseront convaincre de la nécessité d'abdiquer leurs justes droits et de renoncer à certains de leurs territoires, pour satisfaire un voisin plus puissant? Y a-t-il un Polonais assez indigne pour consentir à livrer à la domination étrangère plusieurs millions des ses compatriotes, en vue d'obtenir ainsi la sécurité du reste du pays? Sur quoi une telle garantie de sécurité pourrait-elle se baser? Après avoir annexé la Poméranie et la Silésie, pourquoi ne réclamerait-on pas, en vertu du même principe, la Posnanie? pourquoi ne pousserait-on pas jusqu'à la frontière de Knesebeck de 1813? pourquoi ne suivrait-on pas l'exemple de l'Etat-Major allemand, qui, en 1917, réclamait un hinterland pour les usines et les mines silésiennes et pourquoi, enfin, ne pas revenir aux frontières du troisième partage de 1795 et rétablir Varsovie dans son rang de chef-lieu de la Prusse Méridionale? Les avantages qu'on nous propose — pour l'instant, par la voie des publicistes — en échange des concessions territoriales, ne sont même pas dignes d'attention. Déjà à la fin du XVIII siècle, les marchandises polonaises devaient, pour atteindre notre port de Dantzig, emprunter la Vistule prussienne. Nous nous rappelons fort bien ce que devint, dans la pratique, la liberté du transit polonais, garantie solennellement par le traité du premier partage. Si quiconque d'entre nous l'oubliait, les difficultés que notre transit rencontre actuellement sur le Niémen, en dépit des dispositions de la convention de Barcellone, le lui rappelleraient bien vite.

Il résulte, en toute certitude, de ce qui précède que la modification des frontières polonaises ne pourrait se faire que contre la volonté de la nation polonaise. En théorie, cela ne pourrait arriver que si l'Allemagne occupait les provinces polonaises en exécution d'une sentence prononcée contre la Pologne par un tribunal international en vertu d'un code qui n'existe pas encore. Il pourrait, du reste, advenir que la Pologne — toujours en théorie — fût obligée de faire des concessions d'une grande portée, sous la poussée de l'opinion de toutes les puissances qui se seraient coalisées pour exiger d'elle qu'elle se sacrifiât afin de sauver la paix. Mais, de telles hypothèses aboutissent à des conclusions absurdes. La nation polonaise, sincèrement et profondément pacifique, doit chercher la garantie de sa sécurité, non pas tant dans une alliance avec une ou plusieurs grandes puissances, que dans une transformation complète des rapports et des usages internationaux qui permettrait, aux grands comme aux petits Etats, de vivre et de travailler en paix. La création d'une organisation supérieure aux Etats qui serait capable d'agir, soit par la force soit par une pression morale, sur ses membres plus faibles afin de les amener à sacrifier leurs intérêts les plus essentiels au bénéfice de voisins plus puissants, serait non seulement une absurdité, mais encore une monstruosité dépassant les manifestations les plus dévergondées de l'impérialisme d'avant-guerre.

Au cours de ces dernières dix années, la Pologne n'a cessé de collaborer avec les autres Etats à la recherche d'une formule juridique capable de consolider la paix. Malheureusement, les résultats obtenus jusqu'ici laissent encore à désirer. Je crains qu'ils ne restent également insuffisants dans l'avenir, si l'humanité ne se décide à comprendre que la formule juridique de la paix doit être l'expression de son désarmement moral. Nous n'avons pas, par malheur, une haute idée du désarmement moral de notre voisin; il nous menace continuellement d'un procès qui, en pratique, serait sans doute un pur acte de violence; il organise contre nous, dans tous les coins du monde, une propagande acharnée, en niant nos droits les plus fondés; il déclare ouvertement que la condition de l'existence de rapports de bon voisinage entre nous réside dans une mutilation volontaire de notre part.

On pourrait évidemment laisser, pour le moment, de côté tout ce différend qui, aux yeux des spectateurs éloignés, paraît être une vraie quadrature du cercle.

Il y a, en effet, entre la Pologne et l'Allemagne un grand nombre de questions qui lient plutôt qu'elles ne divisent les deux pays. Il est vrai, il serait difficile de le nier, que la Pologne est en ce moment assez mal disposée pour l'Allemagne: les souvenirs de la domination prussienne sont encore trop récents; la nation polonaise se rappelle les persécutions inhumaines et la politique impitoyable et exterminatrice de la Prusse. Pourtant, ces souvenirs pourraient rapidement s'effacer. Le peuple polonais n'a aucun intérêt à vivre en mauvais termes avec son puissant voisin. De plus, il se rappelle, ou du moins il se rappellerait facilement, que durant dix siècles de voisinage, ce n'est pas seulement l'invasion, les ruines, l'esclavage qui lui sont venus d'Allemagne, mais bon nombre de bienfaits qui ont contribué à la création de notre culture d'aujourd'hui. Au moyen-âge, après les ravages résultant des invasions mongoles, nous avons repeuplé nos régions dévastées par des colons allemands et ceux-ci nous ont apporté le droit communal et la connaissance des métiers. A leur suite sont venus les marchands qui nous ont rapprochés de l'Occident lointain. Jusqu'à la veille de la guerre mondiale, la jeunesse polonaise étudiait en nombre considérable dans les universités et les grandes écoles allemandes où elle puisait à d'abondantes sources scientifiques et d'où elle rapportait, en même temps qu'un savoir solide, une sincère admiration pour l'art allemand de l'organisation technique de la vie.

La Pologne restaurée pourrait trouver en Allemagne de remarquables exemples d'administration économe et précise, des modèles de travail savamment organisé en vue de l'évolution de la vie économique. La différence de développement assez marquée entre les deux pays faciliterait une division du travail, rendrait possible la mise en oeuvre de principes d'échange commercial et l'organisation de conditions de coexistence favorable pour les deux peuples. Je suis profondement convaincu que cette coopération active, qui nous lierait par des milliers de fils, effacerait de la conscience des deux nations les souvenirs des torts éprouvés et des atteintes réelles ou imaginaires au prestige national. Les peines et les efforts du peuple allemand trouveraient en Pologne un écho sympathique, de même qu'en 1831 nos émigrés, forcés de quitter leur pays après l'échec de l'insurrection, avaient trouvé en Allemagne un accueil presque fraternel et qu'en 1848, l'horreur des partages avait été condamnée par le Parlement de Francfort. Mais, ce développement des relations pacifiques n'est justement aujourd'hui, en Allemagne, du goût de personne. Le traité de commerce n'aboutit pas, malgré son utilité évidente. Le voyageur polonais rencontre en Allemagne un accueil inamical, l'étudiant polonais voit se fermer devant lui les portes des établissements d'enseignement, toutes les conversations trahissent la défiance et la crainte mutuelles. Ainsi le venin de la haine empoisonne peu à peu les relations entre les deux peuples.

Comme condition préliminaire d'une coexistence pacifique, on réclame la cession de deux provinces. Or, la perte de la Poméranie et de la Silésie condamnerait la Pologne à une perpétuelle impuissance économique.

Les exportations polonaises dépendraient du bon vouloir du douanier allemand; la Pologne serait pour toujours un organisme de type inférieur, le fief et à la fois le grenier d'une puissance étrangère.

Mettons les points sur les i. Quelques années avant la guerre, un savant éminent allemand, le professeur Mommsen, exprima l'opinion què les Polonais et les autres Slaves étaient des „minderwärtige Nationalitäten" (nationalités de moindre valeur) qu'on ne pouvait traiter sur un pied d'égalité. Il y a quelques mois, le baron v. Rheinbaben, ancien collaborateur et collègue de M. Stresemann, a publié en français une brochure intitulée „Que vise l'Allemagne?" dans laquelle il s'efforce de prouver que la solution des difficultés européennes réside, en dehors de l'adoucissement du plan Dawes, de l'Anschluss et du partage de la Pologne, dans l'hégémonie de l'Allemagne, de l'Angleterre et de la France, soutenues par la sympathie active des Etats-Unis. Ces deux conceptions se complètent assez harmonieusement. Au sommet, trois ou quatre „gouverneurs de l'Europe", au bas les „minderwärtige Nationalitäten". Il me semble que ce serait tout simplement une nouvelle coalition qui, comme toutes ses semblables dans l'histoire du monde, ne subsisterait que jusqu'au moment du partage des bénéfices. Je pense, en outre, que la violation des droits d'un seul parmi les petits ou moyens Etats, réduirait à néant les efforts soutenus en vue d'organiser la paix et serait, ce qui est pire, l'affirmation de l'irréalité absolue, sinon de l'hypocrisie, de ces efforts.

J'écris tout ceci avec un profond regret, car

je suis un partisan chaleureux de l'entente polono-allemande. Je considère comme tragiques ces inimitiés et ces prétentions qui séparent deux peuples condamnés à coexister et incapables de vaincre leurs mauvais sentiments. Mais, je crois que le seul remède au mal, ce n'est pas d'éviter les sujets scabreux, mais de se dire la vérité, toute la vérité, afin de trouver plus facilement des possibilités de rapports pacifiques. C'est seulement de la sorte que les deux peuples jouiront des avantages nécessaires à leur développement et à la paix du monde.

Dr. ZYGMUNT GRALIŃSKI,
DEPUTE.

La Pologne et l'Allemagne à la Société des Nations de 1926 à 1928.

L'entrée de l'Allemagne dans la Société des Nations, décidée par l'Assemblée d'automne de 1926, fut un résultat direct de la conclusion des accords de Locarno.

Les deux dates d'octobre 1925 et de septembre 1926 marquent un pas important dans la voie de la stabilisation de l'Europe. Ces deux événements ont tiré l'Allemagne de l'isolement politique dans lequel elle se trouvait, ils ont effacé, dans une certaine mesure, la distinction entre vainqueurs et vaincus et permis à l'Allemagne de contribuer efficacement à l'organisation de la vie internationale.

Locarno aurait dû apporter une solution au problème, jusqu'alors resté en suspens, de la sécurité entre l'Allemagne et ses voisins de l'ouest et de l'est. Contrairement à notre attente, la question des garanties de sécurité fut réglée différemment sur le Rhin et sur la Vistule.

A l'ouest, on renonça au système des pactes de garantie prévoyant l'assistance mutuelle en cas d'agression d'une tierce puissance déterminée, et on le remplaça par un autre système garantissant, à toutes les puissances intéressées d'une même région, l'assistance collective de tous les signataires contre une agression venant de l'une d'elles.

A l'est, on conserva le premier système.

Sur le Rhin, la France et l'Allemagne se sont mutuellement garanti la paix et la sécurité de leurs frontières en concluant un pacte de non-agression et en reconnaissant l'inviolabilité de leur statu quo territorial présent. L'Angleterre et l'Italie, en apposant leurs signatures au bas du traité, se sont portées garantes de son exécution et se sont déclarées prêtes à intervenir contre celle des trois puissances (Allemagne, France ou Belgique) qui violerait ses engagements, et non pas seulement contre l'une d'elles désignée d'avance.

Quant à la Pologne et à l'Allemagne, ces deux puissances ne se sont rien garanti de bien nouveau, puisqu'elles n'ont pas formellement écarté la possibilité du recours à la guerre et ne se sont pas spécialement engagées à respecter leur statu quo territorial. Le traité entre la France et la Pologne constitue une garantie juridique des dispositions du traité d'arbitrage polono - allemand de Locarno. C'est un traité qui, conclu en dehors de l'Allemagne, prévoit une coopération commune au cas où l'Allemagne ne remplirait pas les engagements découlant pour elle des dispositions du traité qu'elle a conclu à Locarno avec la Pologne.

Ce dualisme qui ressort des systèmes destinés à assurer la coexistence pacifique des peuples sur les frontières occidentales et orientales de l'Allemagne, indique que, dans l'idée de celle-ci, l'état de choses existant sur le Rhin a été définitivement fixé et basé sur des conceptions modernes, tandis que, sur la Vistule, l'Allemagne a évité de prendre des engagements nouveaux trop stricts et a seulement admis l'assistance unilatérale de la France en faveur de la Pologne. Il faut en conclure que Berlin n'a pas compris que le traité de Versailles s'est borné à rendre à la Pologne ce dont l'avait dépouillée au 18-e siècle la politique de conquête de la Prusse. Rien de ce qui est véritablement allemand n'a été enlevé à l'Allemagne. Ajoutons qu'il est inadmissible de prétendre que le droit public permette d'invoquer l'argument de la prescription quand il s'agit de la conquête d'un territoire étranger, surtout si les conditions ethnographiques et économiques n'ont subi aucun changement décisif.

Après ces quelques observations sur le caractère - même des bases des traités de Locarno, il sera intéressant d'examiner comment se sont développés les rapports entre la Pologne et l'Allemagne au sein de la Société des Nations.

La première passe d'armes polono-allemande eut lieu à l'occasion de la réorganisation de la Société des Nations. Déjà avant son admission dans la Société, l'Allemagne s'était fait promettre par les Alliés un siège permanent au Conseil. Elle ne se contenta pourtant pas de cette promesse et demanda qu'elle fut seule à obtenir le siège permanent, ce qui équivalait à écarter les candidatures de l'Espagne, du Brésil et de la Pologne. La presse allemande fut à peu près unanime à avouer que cette attitude exclusive était dirigée en fait uniquement contre la Pologne. Certains journaux allemands voulaient même qu'on tînt compte des désirs de l'Espagne à cause de sa qualité de puissance neutre toujours bien disposée pour l'Allemagne. D'autres journaux reconnaissaient également le besoin de tenir compte des aspirations du Brésil, le plus grand Etat de l'Amérique du Sud. Seule, la candidature de la Pologne fut résolument combattue.

L'Allemagne ne se contenta pas de s'opposer catégoriquement à l'attribution à la Pologne d'un siège permanent au Conseil. A l'Assemblée extraordinaire de mars 1926, elle refusa même d'accepter que la Pologne obtînt un siège non-permanent. Le compromis proposé par M. Vandervelde, d'après lequel l'Allemagne aurait été seule à obtenir un siège permanent, tandis que la Pologne aurait reçu le siège auquel la Suède avait volontairement renoncé, fut rejeté par la délégation allemande. La sécession de l'Espagne et du Brésil provoqua alors une crise intérieure grave à la Société des Nations et l'admission de l'Allemagne fut renvoyée au mois de septembre. C'est à cette seconde session seulement que l'Allemagne obtint enfin son siège permanent au Conseil. La Pologne reçut un siège provisoire avec droit de réélection. Il faut remarquer que, cette fois, la délégation allemande vota pour nous.

Les différences entre les points de vue polonais et allemand se manifestèrent également au cours des délibérations sur les problèmes de la sécurité et des minorités nationales.

La tâche fondamentale de la Société des

Nations est d'assurer à tous ses membres la paix par la sécurité. C'est également le principe essentiel de la politique étrangère polonaise, principe dont aucun gouvernement polonais ne s'est jamais écarté et dont il ne peut s'écarter à aucun prix.

La Pologne a toujours été au premier rang des peuples qui réclament un accroissement de la sécurité insuffisamment assurée par le Pacte de la Société des Nations. Nous avons activement coopéré à l'élaboration du traité d'Assistance Mutuelle, nous avons été parmi les premiers signataires du Protocole de Genève, nous avons pris, l'année dernière, l'initiative d'une résolution tendant à la conclusion d'un pacte général de non-agression. En poursuivant la réalisation de nouvelles normes de sécurité, nous avons en vue la consolidation de la paix générale et, par là-même, le renforcement des garanties de sécurité de notre Etat. Cette sécurité devrait s'appuyer sur trois éléments fondamentaux qui constituent l'épine dorsale du Protocole de Genève: l'arbitrage, les sanctions et le désarmement. Quelle que soit l'appellation de l'acte international qui garantira la paix, que cet acte soit réalisé d'un seul coup ou par étapes, qu'il soit universel ou régional, peu importe; nous collaborerons toujours activement à sa réalisation.

Il faut cependant qu'une condition soit remplie, à savoir que les engagements pris par les Etats soient effectivement garantis. Des considérations d'ordre théorique aussi bien que pratique nous incitent à poser cette question. Nous avons été élevés dans la tradition du droit romain, tradition dont s'inspire aussi la doctrine juridique européenne du continent; cette tradition attribue une grande importance aux sanctions. Nous devons, d'autre part, compter avec les réalités; celles-ci nous enseignent que nous n'avons pas toujours affaire à des hommes de bonne volonté et qu'en construisant l'édifice de la paix, il faut éviter tous ce qui pourrait donner une prime à la mauvaise foi ç. à. d. aux Etats à tendances agressives. Nous nous souvenons, de plus, de notre triste expérience du 18-e siècle. Alors les Polonais avaient poussé trop loin leur pacifisme que je me permettrai, en tenant compte des conditions de l'époque, de qualifier d'irréfléchi, puisque, sans rien donner en échange à l'humanité, il a été le tombeau de leur liberté. Nous avons également eu l'occasion de tirer des conclusions peu réjouissantes sur la valeur des normes juridiques sans garanties, tout au moins sur notre vieux continent, lorsqu'en 1920 l'impérialisme rouge battit de ses flots les murs de Varsovie.

La thèse polonaise de la sécurité se distingue de la thèse allemande. Spécialement en ce qui touche la particioation à l'application de sanctions collectives contre un Etat agresseur, les Allemands s'efforcent de se faire reconnaître une position privilégiée. Ils invoquent à l'appui de leur thèse leur désarmement et le fait que l'application des sanctions pourrait, comme conséquence, les entraîner à un conflit armé avec l'agresseur éventuel qu'ils ne seraient pas en état de repousser.

Il est vrai que les Allemands ont été contraints de diminuer sérieusement leurs forces armées. Ils possèdent, néanmoins, actuellement une armée remarquablement organisée et supérieure à celles de beaucoup de puissances européennes. Si les autres États se retranchaient derrière le même argument que les Allemands, toute la structure fondamentale de la Société des Nations devrait être modifiée.

En fait, l'Allemagne n'est menacée par personne. La politique de l'Angleterre, de la France et de la Pologne en est la meilleure preuve. Il serait chimérique d'envisager une agression, venant de la Belgique, de la Hollande, du Danemark, de la Lithuanie, de la Tchécoslovaquie, de l'Autriche ou de la Suisse. Le seul cas qui pourrait se présenter réellement dans l'éventualité d'une application de sanctions, ce serait l'assistance de l'Allemagne à la Pologne en cas d'attaque de celle-ci par l'U. R. S. S. qui n'est pas membre de la Société des Nations. En ce cas, pourtant, le danger auquel l'Allemagne s'exposerait serait beaucoup moins grave que celui qui menacerait d'autres membres de la Société.

En ce qui concerne le désarmement, l'Allemagne s'est fait le champion des Etats qui réclament la réduction la plus rapide des armements. Je suis, moi-même, un sincère partisan de l'allègement des charges improductives représentées par les dépenses militaires, charges qui pèsent sur les masses de la population. Nous Polonais, nous en souffrons spécialement, car, d'un côté, nos possibilités financières sont limitées et, de l'autre, nous avons un besoin pressant de renforcer notre production nationale. Mais, nous ne sommes pas dans l'heureuse situation de l'Allemagne et nous ne pouvons pas nous dire qu'aucune agression ne nous menace. Nous sommes donc obligés d'envisager le désarmement, non seulement comme un coefficient de sécurité, mais également comme fonction de l'arbitrage et des sanctions.

D'accord avec un grand nombre d'autres Etats, nous attribuons une grande valeur au progrès du désarmement moral, sans lequel il est impossible de réaliser le désarmement général, car le désarmement ne sera complet que lorsqu'il sera à la fois moral et matériel.

En constatant la différence qui existe entre les thèses polonaise et allemande relatives à la sécurité, je ne veux point du tout laisser entendre que c'est l'attitude de l'Allemagne qui crée les grandes difficultés auxquelles se heurte la Société des Nations dans le labeur qu'elle poursuit si lentement en vue du développement de la création des normes de sécurité effective. L'obstacle principal et décisif doit être cherché dans l'échec du Protocole de Genève provoqué par le gouvernement conservateur anglais de M. Baldwin, après l'insuccès électoral de M. Mac Donald en décembre 1924. Cette attitude du gouvernement anglais a immédiatement trouvé l'appui du gouvernement fasciste italien.

Le problème des minorités divise également la Pologne et l'Allemagne. Le point de vue polonais, en cette matière, est en plein accord avec les normes du droit public des Etats modernes. Les garanties qui assurent à nos minorités un développement libre au point de vue économique, culturel et confessionel, tout en leur accordant le même traitement juridique qu'aux Polonais, sont fixées par notre constitution, indépendamment de toute obligation internationale.

Le traitement égal de tous les citoyens de la République, sans distinction d'origine, de langue et de fortune, est considéré par nous comme une nécessité nationale fondamentale dont la méconnaissance pourrait nous attirer, dans l'avenir, des dommages irréparables.

Etant un pays dont les minorités constituent une fraction importante de la population, nous avons, nous-mêmes, une nombreuse minorité polonaise en Allemagne, en Lithuanie, en Lettonie, dans l'Union des Républiques Soviétiques, en Roumanie et en Tchécoslovaquie. Néanmoins, nous ne faisons parmi nos compatriotes à l'étranger aucune propagande dirigée contre l'intérêt de l'Etat dans lequel ils vivent. Nous repoussons toute politique irrédentiste. Nous savons bien, en effet, qu'en revendiquant un traitement libéral pour la minorité polonaise dans les autres pays, nous avons, en même temps, le droit et le devoir d'exiger le loyalisme des minorités envers leur Etat. Rien n'est plus dangereux dans ses effets, pour une minorité, que d'envisager l'amélioration de son sort en fonction des rapports politiques réciproques entre deux Etats qui sont, d'habitude, des Etats voisins.

Nous avons en Pologne moins d'Allemands qu'il n'y a de Polonais en Allemagne. L'Allemagne n'est cependant liée par aucun traité international à l'égard des minorités. Par contre, elle s'est fait le défenseur particulièrement actif des plaintes de la minorité allemande en Pologne.

Personne ne peut prétendre que la minorité polonaise en Allemagne soit bien traitée ni nier que la Prusse poursuive une politique dont le but est de réduire systématiquement l'élément polonais. Néanmoins, la Pologne ne prend point prétexte du sort de ses frères séparés d'elle, pour s'en faire un instrument de lutte politique.

L'établissement de rapports de bon voisinage exige, avant tout, qu'on aborde en toute objectivité le problème des minorités. Son traitement sur le terrain international et spécialement devant la Société des Nations exige beaucoup de calme, de réflexion et de bonne volonté; cela est nécessaire si l'on veut éviter des incidents aussi regrettables que celui qui eut lieu à la dernière séance du Conseil de la Société des Nations à Lugano.

Les conceptions opposées des gouvernements polonais et allemand sur les deux problèmes que nous venons de passer en revue, ont très nettement influé sur l'attitude observée par les deux pays, l'un envers l'autre, devant la Société des Nations. Ces divergences ont quelquefois donné lieu à des scissions. Néanmoins, il a été possible de régler de nombreuses questions intéressant les deux nations et d'adoucir les angles. La présence de la Pologne et de l'Allemagne à la Société des Nations et le fait, pour les ministres des affaires étrangères des deux pays, de s'asseoir à la table du Conseil, n'ont peut-être pas eu tous les effets qu'on était en droit d'en attendre; ces effets n'ont, peut-être, pas été aussi rapides qu'on l'avait désiré, mais, enfin, ces faits ont permis une discussion utile des problèmes litigieux devant un organe objectif. Malgré tout, les égoïsmes nationaux se sont heurtés, sur ce terrain, au principe du solidarisme international. L'examen, devant une sorte de tribunal, des prétentions mutuelles qui sont finalement réglées, dans la plupart des cas, par un compromis, doit nécessairement contribuer à une détente dans les relations entre les deux Etats. L'opinion publique, cette puissance internationale dont l'importance croît sans cesse, se trouve, en tous cas, toujours bien informée des causes des malentendus, de leur essence même et de leurs effets.

Rappelons encore que les rapports polono - allemands ont longtemps eu à souffrir du fait que le représentant de l'Allemagne au Conseil de la Société des Nations a toujours crû devoir prêter son appui au Sénat nationaliste de la Ville Libre de Danzig dans ses différends avec la Pologne. La situation a heureusement changé depuis que le Sénat est aux mains des socialistes et des démocrates; les affaires polono - danzigoises ont, en effet, cessé d'encombrer les ordres du jour des sessions du Conseil. Il faut espérer que le terrain d'entente que la Pologne et Danzig ont enfin trouvé, se consolidera encore et qu'il contribuera, à son tour, à améliorer les relations polono - allemandes.

La politique de la Pologne et de l'Allemagne à Genève est la résultante des relations réciproques entre les cabinets de Varsovie et de Berlin. On ne peut évidemment demander à deux Etats, membres de la Société des Nations, dont la vie économique a, elle - même, créé des conditions différentes de développement, d'avoir une politique internationale identique. Cependant, dans les questions fondamentales, dans les problèmes les plus essentiels pour la Société des Nations, tels que ceux de la paix et de la sécurité, une communauté de vues doit régner. Autrement, on pourrait aboutir à de graves malentendus et à des surprises désagréables pour tous.

Il ne peut, en effet, être question d'une véritable consolidation de la paix, si l'on sape continuellement, les fondements du régime légal de l'Europe. De même, il n'y aura pas de collaboration complète entre le Pologne et l'Allemagne à la Société des Nations, tant que l'Allemagne ne comprendra ni n'admettra que le statut territorial de la Pologne, tel qu'il résulte du traité de Versailles, est définitif et ne peut être remis en question.

Personne aujourd'hui, en Pologne, n'envisage autrement ce problème qui est intimement lié au principe sur lequel s'appuie la Société des Nations ç. à d. le respect et la garantie de l'intégrité territoriale actuelle des membres de la Société des Nations. Ces derniers doivent se conformer de bonne foi à cette prescription. La propagation de l'idée de la révision pacifique des frontières, admise comme postulat principal de la politique allemande, peut être considérée, ou bien comme une action induisant en erreur l'opinion publique de l'Allemagne et du monde, ou bien comme un grand malentendu.

Il est peu vraisemblable que des changements territoriaux soient obtenus au moyen d'une procédure pacifique, du moment que les frontières sont justes et qu'elles découlent du principe de libre - disposition des peuples.

L'idée de modifier les clauses des traités par des organes judiciaires ou de conciliation est intimement liée au développement de l'organisation de la vie internationale. Si l'on envisage la question d'un point de vue pratique, il est impossible d'admettre un développement de la procédure de revision pacifique des traités, sans assurer, en même temps, à l'humanité la paix absolue dans la sécurité.

La revision des traités est le couronnement du système de règlement pacifique des différends. Elle constitue, en effet, une limitation des droits individuels des Etats, au bénéfice de la communauté internationale, ce qui ne peut aboutir qu'après la réalisation des grands bienfaits résultant d'une bonne organisation de la vie collective. Aujourd'hui, il ne peut être question du couronnement de l'oeuvre, puisque nous n'en sommes encore qu'aux fondements du système.

S'il en est ainsi, le fait de persuader à l'opinion publique que la revision des traités est à prévoir dans un avenir très proche peut avoir des effets tout à fait inattendus, car la désillusion qui s'emparera fatalement de l'opinion surexcitée par des espoirs irréalisables, pourra aboutir, contre la volonté même des milieux dirigeants, à un mouvement en faveur de la revanche militaire. Si l'on tient compte de l'ensemble de la vie politique de l'Europe et du dégré d'organisation des relations internationales, il faut admettre que la promesse d'une revision pacifique des frontières polono-allemandes cache un réel danger pour la stabilisation de la paix. C'est ce que les chefs de la démocratie allemande ne devraient pas oublier.

La normalisation des relations polono-allemandes demande, d'abord, de la bonne volonté — et celle-ci existe en Pologne — et en outre, sans aucun doute, un certain temps. Néanmoins, il faut s'engager sans délai dans cette voie. Puisqu'on aborde aujourd'hui la liquidation des garanties d'exécution du traité de Versailles il faut également liquider les malentendus qui existent entre nous. Il est grand temps que les démocraties polonaise et allemande trouvent un terrain d'entente.

Commençons à travailler en faveur d'une détente psychologique. Tendons, tout d'abord, nos efforts vers la mise en oeuvre, la plus rapide possible, du pacte Kellog. En second lieu, comme nous ne pouvons espérer aujourd'hui réaliser dans toute son ampleur le Protocole de Genève, ce qui est le but de la démocratie polonaise, et, sans aucun doute, aussi celui de la démocratie allemande, tendons, pour le moment, à la réalisation des clauses du Protocole dans des cadres régionaux. Sans créer des engagements spéciaux dans les relations polono-allemandes, nous avons proclamé, à la face du monde, que nous serons scrupuleusement fidèles à la condamnation de la guerre en tant que moyen de règlement des litiges. La dernière Assemblée nous y a également invités, en recommandant aux membres de la Société des Nations de mettre en oeuvre les projets de convention élaborés par le Comité d'Arbitrage et de Sécurité, projets qui ont pour but d'augmenteer la sécurité et, par conséquent, de faciliter la grande oeuvre du désarmement.

L'exemple de la Pologne et de l'Allemagne influerait certainement sur l'attitude des autres pays et pourrait constituer un pas important dans la voie de l'organisation de la sécurité.

MIECZYSŁAW NIEDZIAŁKOWSKI,
DEPUTE.

Pologne — Allemagne — Russie.

La frontière entre la Pologne et le Reich allemand a été fixée par le Traité de Versailles et le plébiscite de Haute-Silésie, la frontière entre la Pologne et l'Union des Républiques socialistes soviétiques l'a été par le traité de Riga et l'acte de reconnaissance de ces frontières par les puissances occidentales.

Ces frontières ont été reconnues et fixées formellement, nettement et indiscutablement. Pourtant, l'histoire nous a légué de nombreux antagonismes infiniment complexes dont la solution demande de longues années d'évolution et un travail très soutenu.

Aux yeux de l'Allemagne, il existe une „question du corridor" se rapportant à la partie septentrionale de la Poméranie polonaise qui sépare la Prusse Orientale du Reich; il existe aussi, mais à un dégré bien plus faible, un „problème de Haute-Silésie"; pour les nationalistes allemands il existe même, un „problème de Posnanie". Naturellement, tous ces problèmes se présentent sous des aspects divers, suivant qu'on envisage les différents projets de solution formulés par telle ou telle fraction de l'opinion allemande, en passant de l'idée guerrière de „revanche" des ultranationalistes à la solution nettement pacifique, pacifique sans réserve, suggérée par les social - démocrates et les groupes pacifistes, celui de la „Menschheit" en tête. Il y a également de grandes différences entre les „plans" et les „projets" concrets de règlement des questions considérées, à tort ou à raison, comme litigieuses. Nous avons une „stratégie" de la reprise violente et toute une gamme de divers „procédés" de solution „à l'amiable".

Si nous nous transportons à quelques centaines de kilomètres vers l'Est, dans la région de Wilno, en Polésie, en Volhynie et vers les „marches orientales" du pays appelé „Galicie orientale", nous découvrons deux raisons fondamentales aux difficultés qui gênent les relations réciproques entre la Pologne et son voisin de l'Est. - La première, c'est le système général de la politique internationale de l'Union des Républiques soviétiques et du „Komintern" considéré comme instrument politique du gouvernement des Soviets.

Comme l'on sait l'Union des Républiques soviétiques ne fait pas partie de la Société des Nations. La marche sur Varsovie en 1920, la conquête de la Géorgie, des armements très intensifs, une ressemblance en maints cas frappante entre les agissements internationaux du gouvernement soviétique et l'ancienne politique de l'Empire de Russie, tout cela permet de douter de la sincérité du pacifisme de la politique étrangère de Moscou. La seconde raison, c'est la renaissance et le réveil de la conscience nationale de certains peuples qui était restée comme assoupie durant des siècles. Ce phénomène a commencé dès le milieu du XIX-me siècle, il a abouti à la fondation des Etats indépendants de Tchécoslovaquie, de Lithuanie, de Lettonie, d'Esthonie, de Géorgie. Les mouvements nationaux ukrainien et blanc - russien en sont également le résultat. Les Ukrainiens surtout ont atteint un niveau relativement élevé de développement et d'organisation. Les quesions ukrainienne et blanc-russienne existent à la fois en Pologne et dans l'Union Soviétique; elles sont d'autant plus complexes que les cultures polonaise, russe, ukrainienne et blanc-russienne se pénètrent l'une l'autre dans une zone importante qui s'étend entre les territoires ethnographiquement polonais d'une part, russes et ukrainiens de l'autre.

Ce formidable phénomène historique crée depuis longtemps, et continuera encore pendant des années à créer la méfiance dans les relations polono-russes.

Quels sont les moyens d'écarter ou, à tout le moins, de diminuer les difficultés dont nous venons de parler, difficultés qui, dans l'état actuel des choses constituent un danger grave pour la paix non seulement de l'Europe orientale mais de tout le continent européen et même du monde entier?

Revenons encore une fois à la question des rapports polono-allemands.

L'opinion publique polonaise est absolument unanime à rejeter ce qu'on appèlle la revision des frontières occidentales de la République Polonaise. Une telle revision serait une violation flagrante du principe de la libre disposition des peuples, puisque la Poméranie polonaise est habitée en majorité écrasante par une population indiscutablement polonaise. Cette revision ne pourrait être réalisée que par la violence et aboutirait inévitablement à la guerre. J'estime donc que, pour sortir de la difficulté, il faut chercher la solution de questions d'apparence moins brillantes et plus discrètes, mais qui sont aussi plus concrètes et plus faciles à régler. Telles sont: 1) l'établissement de relations normales „de bon voisinage" entre la Pologne et l'Allemagne 2) l'abolition réciproque de toutes mesures et de tous procédés provoquant le mécontentement et l'irritation de la partie adverse 3) la conclusion d'un traité de commerce facilitant, dans toute la mesure du possible, le contact personnel et économique entre la Prusse Orientale et le Reich.

En ce qui concerne l'Union des Républiques soviétiques, il serait d'une importance capitale que cette puissance adhérât à la Société des Nations et qu'elle acceptât toutes les obligations découlant du Pacte. Il faut reconnaitre que la politique poursuivie, jusqu'à présent, par la Russie rend la réalisation de cette éventualité fort difficile. Il n'en est pas moins vrai que cela entraînerait une détente très importante. D'autre part, une politique sage, habile et démocratique à l'égard des nationalités se lie organiquement à la politique internationale. Enfin, il faut également prendre en considération ce que je viens de dire des relations „de bon voisinage".

Il y a lieu de faire ici une remarque fondamentale.

Toute garantie effective de paix, toute garantie effective de sécurité pour tous les peuples doit avoir le caractère d'une garantie solidaire internationale dans le cadre de la Société des Nations.

En 1924, un essai avait été fait de donner au monde une garantie semblable sous la forme du fameux Protocole de Genève. Les nations auraient reçu l'assurance que la paix serait effectivement consolidée, que leur indépendance serait placée sous la protection solidaire de tous les autres peuples, membres de la Société des Nations. Mais le Protocole n'a pas été réalisé — du moins provisoirement — et ces espoirs se sont envolés. Il est clair que la paix ne peut pas être garantie uniquement par les pactes dits occidentaux.. Le sort de la paix est aussi bien sur le Rhin et sur la Vistule que sur la Moscova. Les problèmes: Pologne-Allemagne, Pologne - Russie, Pologne - Allemagne - Russie font partie non seulement du „problème de l'Europe" mais du „problème du monde". C'est ce que devrait enfin comprendre l'opinion publique occidentale.

STANISŁAW STROŃSKI.
DEPUTE.

France — Allemagne — Pologne.

Il serait assez naturel de croire que la Pologne, convaincue que l'état de tension entre l'Allemagne et la France ainsi qu'entre l'Allemagne et les Puissances Occidentales, en général, renforce sa situation à l'égard de l'Allemagne, regarde d'un mauvais oeil tout rapprochement entre l'Allemagne et la France.

Il n'en est rien. Voulez-vous, au contraire, connaître la ligne de raisonnement que l'on suit habituellement en Pologne à ce sujet? La voici:

— Nous avons besoin, comme nul autre pays, de la paix pour rétablir les bases mêmes de notre vie intérieure après plus d'un siècle de partages. Et puisque toute tension européenne fait pousser des germes de guerre dont la Pologne serait la première victime, ce n'est pas l'état de tension mais bien celui de la pacification générale et réelle qui correspond à nos intérêts. Et puis, la sécurité d'une nation, basée sur les querelles des autres, serait bien précaire; que deviendrait-elle le jour de leur réconciliation? Enfin, dans la situation de l'Europe, après le Traité de Versailles qui comporte évidemment une collaboration permanente de la France et de la Pologne pour le maintien de la paix, qui dit: rapprochement entre la France et l'Allemagne, dit en même temps et comme condition préalable: paix et tranquillité entre l'Allemagne et la Pologne. En effet, il serait puéril d'imputer à la France une politique par laquelle elle commencerait à livrer la Pologne aux empiètements de l'Allemagne pour attendre son tour à elle. Tout compte fait, loin de redouter un rapprochement sincère et raisonnable entre la France et l'Allemagne, nous sommes portés à croire que nous devrions nous ressentir immédiatement, nous aussi, de son influence bienfaisante.

— Est-ce tout?

Essayez de demander à un Polonais qui vous tient ce raisonnement-là s'il n'a rien à ajouter et, sans faute, il... ajoutera:

— Mais oui, c'est tout. A moins que vous n'envisagiez un rapprochement qui, prétendant établir la paix et la sécurité entre la France et l'Allemagne, ne se préoccuperait point de la paix à l'autre frontière de l'Allemagne et de la sécurité de la Pologne. Mais voyons, vous n'y pensez pas? Car la sécurité est générale pour tout le monde ou elle n'existe pas. Cette fois-ci, c'est bien tout.

Le Polonais qui raisonne de la sorte, c'est moi-même et mon voisin de droite, et mon voisin de gauche, et si vous-même, ami Français, vous êtes d'accord, nous serons unanimes à émettre ensemble l'affirmation suivante:

— Un rapprochement raisonnable et réel entre la France et l'Allemagne est favorable aux intérêts de la Pologne.

Une fois ce travail en vue de trouver la réponse juste terminé, nous sentons parfaitement les uns et les autres, que c'est là seulement que la discussion commence.

Qu'est-ce, en effet, au fond, qu'un rapprochement raisonnable et réel basé sur le principe de la sécurité générale entre la France et l'Allemagne, voisine de la Pologne, qui est en même temps l'alliée de la France?

Le problème ainsi posé concerne trois partenaires et par conséquent, pour mener à bonne fin la conversation, il faut laisser parler à côté des deux interlocuteurs français et polonais, une voix allemande:

1. Le Polonais: C'est bien Locarno qui est regardé comme premier fondement d'une politique de rapprochement et de sécurité...

Le Français: Evidemment, les hommes d'Etat français et anglais qui sont les auteurs de l'oeuvre de Locarno ont toujours dit que la garantie des frontières occidentales de l'Europe, a laquelle on n'a ajouté à Locarno que des traités de conciliation et d'arbitrage entre l'Allemagne et ses voisins de l'Est, renforce la sécurité générale...

L'Allemand — cet Allemand c'est le chancelier Luther qui, de retour de Locarno, parle au Reichstag en son nom et au nom de M. Stresemann, le 23 novembre 1925, pour déclarer textuellement: „Nous avons toujours dit ouvertement que notre attitude dans les questions orientales n'est pas la même que dans les questions occidentales et que de même pour ce qui concerne la sécurité, on ne saurait envisager un règlement semblable à l'accord occidental basé d'une façon quelconque sur la reconnaissance des frontières existantes..."

C'est bien net mais dans la conversation sur la prétendue sécurité générale, cela signifie: stop!..

2. Le Polonais: Et puis Locarno et Genève qui lient l'Allemagne à l'Europe Occidentale...

Le Français: Certes, c'était bien l'idée de l'Angleterre et de la France d'accueillir l'Allemagne dans l'orbite de la politique de pacification poursuivie par les Puissances Occidentales...

L'Allemand (et cet Allemand ne ferait que reproduire ce que M. Stresemann pense de son oeuvre): Nous avons obtenu à Locarno une interprétation de l'article 16 du Pacte de la Société des Nations qui nous laisse les mains libres et ensuite, le 24 avril 1926, nous avons signé à Berlin un traité avec la Russie Soviétique renforçant celui de Rapallo et tendant à ne jamais reconnaître la Russie comme agresseur si la question se pose à Genève...

Ce point, par sa clarté même, laisse entrevoir l'avenir, mais est-ce une consolidation de la sécurité qu'il apporte?

3. Le Polonais: Et enfin, la collaboration au sein de la Société des Nations.

Le Français: C'est cela, le fait même d'avoir à prendre des responsabilités communes dans les décisions du Conseil...

L'Allemand (et cet Allemand ressemblerait toujours à M. Stresemann qui a négocié l'entrée de l'Allemagne à la S. d. N.): Nous aurions refusé d'entrer dans la Société, si la Pologne avait obtenu comme nous-mêmes un siège permanent au Conseil...

Quel est l'esprit de Locarno et de Genève, vu d'Allemagne, qui se manifeste dans cette résistance acharnée et efficace, entre le mois de mars et le mois de septembre 1926?

Il faut bien reconnaître que cette voix allemande qui se mêle toujours et très nettement à chaque essai de nouer une conversation sur la sécurité générale en Europe, a la propriété d'y couper court.

C'est aussi le cas de l'étape à laquelle cette conversation qui saute, les yeux fermés, tous les obstacles, en laissant derrière elle un terrain non-déblayé, se trouve au moment actuel.

4. Le Polonais: Nous en sommes déjà à l'évacuation anticipée de la Rhénanie....

Le Français:... que nous porrions envisager en échange d'une autre garantie de la sécurité en Europe...

L'Allemand: Nous en parlerons, mais, bien entendu, la Pologne et sa sécurité n'ont rien à voir dans ce débat...

Cette affirmation est inexacte au point de vue du droit international, parce que l'occupation des territoires allemands situés à l'ouest du Rhin a été décidée d'après l'article 428 du traité de Versailles:

— ...à titre de garantie d'exécution par l'Allemagne du présent traité...

Cette clause vise donc l'ensemble du traité, les articles sur les frontières de la Pologne y-compris, et le dernier alinéa de l'article 429 ajoute même pour l'année 1935:

— Si, à ce moment, les garanties contre une agression non provoquée de l'Allemagne n'étaient pas considérées comme suffisantes par les Gouvernements Alliés et Associés, l'évacuation des troupes d'occupation pourrait être retardée dans la mesure jugée nécessaire à l'obtention desdites garanties.

Tout ceci se rapporte donc aux garanties contre une agression non provoquée de l'Allemagne, non seulement à l'Ouest, mais aussi à l'Est.

Par conséquent, ce n'est pas seulement le traité d'alliance entre la France et la Pologne, conclu le 19 février 1921 pour maintenir les traités, mais c'est le traité de Versailles lui - même qui permet à la Pologne d'avoir voix au chapitre.

Mais qui donc n'a pas entendu les Allemands, les socialistes surtout, apporter cette atténuation à leur demande de revision des frontières:

— C'est par des moyens pacifiques que nous entendons l'obtenir.

Autant vaudrait dire à quelqu'un qui s'y refuse qu'il sera tué d'une façon pacifique.

Où en sommes-nous?...

En toute modération, on est autorisé, semble-t-il, à formuler les thèses suivantes:

1) Les traités de Locarno, auxquels la France, l'Allemagne et la Pologne, à côté d'autres Puissances, participaient en vue d'un rapprochement et d'une garantie nouvelle de la sécurité générale, pouvaient être regardés comme un premier pas dans cette voie.

2) Mais l'évacuation de la Rhénanie ce n'est plus le premier pas, ni le second, mais bien le terme final, avant lequel une nouvelle garantie de la sécurité générale doit être obtenue.

Tout le problème du rapprochement France - Allemagne - Pologne tient dans ces mots: sécurité générale.

Ce n'est pas une invention récente.

Traversant la Pologne en traîneau, au mois de décembre 1813, avec Caulaincourt dont les Mémoires viennent d'être publiés, Napoléon lui dit:

— La paix est impossible si elle n'est pas générale, il ne faut pas se faire illusion.

Il n'y a rien de changé, depuis, à cette vérité.

JEAN DĘBSKI,
DEPUTE.

Poméranie — Danzig — Allemagne.

La réunion territoriale de la Pologne et sa reconstitution en Etat indépendant sont intimement liées à la chute de la puissance de l'Empire Allemand d'avant la guerre. Un très grand nombre d'Allemands—ceux de la génération qui a survécu à la guerre et qui y a pris une part active—n'arrivent pas à l'admettre sans plus. La reconstitution, à l'est de l'Allemagne, d'un Etat de 30 millions d'habitants auquel la Prusse a été forcée de céder les provinces qu'elle lui avait arrachées et de lui rendre l'accès à la mer dont elle l'avait privé, sont des faits qui ont fait table rase des dernières espérances allemandes de trouver dans l'expansion politique et économique vers l'Est des compensations aux pertes de la guerre. Le rappel de la Pologne à la vie nationale indépendante et sa réinstallation sur le littoral de la mer Baltique ont mis un terme à l'essor de la Prusse, si rapide depuis les démembrements de la Pologne, essort qui en avait fait l'arbitre de l'Allemagne.

Aussi, dès la conclusion du Traité de Versailles, les milieux allemands élevés à l'école politique de la Prusse entreprennent-ils une campagne méthodique en vue d'ancrer dans l'opinion publique allemande la conviction que l'ordre des choses dans l'Est n'est que provisoire et de démontrer à l'opinion du monde entier la nécessité de reviser les frontières polono - allemandes. Et jusqu'aujourd'hui, il faut bien le reconnaître, depuis l'extrême droite jusqu'aux communistes, les Allemands sont résolument hostiles à l'ordre de choses établi actuellement à l'est de l'Allemagne. Seule, une poignée de pacifistes fait exception à la règle. Les divers camps politiques qui se partagent l'opinion ne sont divisés que sur la question des moyens, non sur celle du but à atteindre. Tandis que la droite ne fait pas mystère de sa soif de revanche et qu'elle espère escompter les aventures auxquelles pourraient se laisser entraîner les Soviets, les partis de gauche, qui, comme le dit la revue hebdomadaire politique allemande **„Weltbühne"**, continuent malgré tout à être aveuglés par le „clinquant monarchique" et à être sensibles aux appels du nationalisme, — ces partis voudraient obtenir des modifications territoriales par la voie pacifique. Quoiqu'il en soit, il faut reconnaître que la politique actuelle de l'Allemagne envers la Pologne est au service de la même cause. Entente de Rapallo qu'elle a conclue avec les Soviets, son jeu dans la question des rapports entre la Pologne et la Lithuanie, jeu qui tend à entretenir l'impression que l'inquiétude et l'insécurité sont chroniques dans l'Est; reconstruction de forteresses d'un caractère offensif le long de la frontière orientale de l'Allemagne, colonisation des Marches de l'Est allemandes, que vient seconder une politique d'extermination de la minorité polonaise; guerre douanière avec la Pologne; construction de cuirassés destinés à être employés contre la Pologne, voilà quelques actes parmi d'autres (mémoire de Groener) dont s'illustre la politique polonaise de l'Allemagne, aussi bien l'officielle que l'officieuse. Sans doute, comme la Pologne, l'Allemagne est membre de la Société des Nations, elle a signé l'entente de Locarno et le Pacte Kellogg, mais ce n'est là qu'une deuxième voie que la politique étrangère allemande emploie, suivant ce que déclarent les milieux officiels eux-mêmes, pour acquérir une plus grande liberté d'allure dans l'Est et pour préparer le terrain à la revision des frontières polono - allemandes.

En mettant en avant l'idée d'une revision pacifique des frontières établies, l'opinion allemande de gauche paraît ne pas se rendre compte des seuls effets qu'elle atteint par ce moyen. Il est peu vraisemblable, à ce que je pense, qu'aucun des hommes d'Etat allemands réalistes croit que les Polonais cèderont volontairement la plus petite parcelle du territoire de leur pays.

Dans l'opinion polonaise les appels à une revision pacifique des frontières ne peuvent éveiller qu'une inquiétude et une réaction bien naturelles. Dans l'opinion allemande ils ne peuvent qu'attiser le sentiment de revanche. Ces effets ne peuvent passer inaperçus par la gauche allemande, laquelle n'a jusqu'ici témoigné de courage dans le domaine international que lorsqu'il s'est agi d'emprunter aux démocraties occidentales leur langage et leur tactique, mais qui continue à subir la suggestion des idées produites par le nationalisme militant.

Sans doute, nous l'avouons volontiers, mener une campagne dirigée contre ceux qui travaillent sans masque à troubler la paix est une tâche beaucoup moins ardue que de combattre dans l'opinion du monde l'action pour la revision pacifique des frontières. Car, c'est en invoquant la cause de la paix, c'est au nom de prétendus torts que se font entendre les appels à la revision des frontières polono-allemandes. Des chiffres bien choisis, des statistiques impressionantes sont cités à l'appui. Se donnant l'air de servir la cause de la paix, une propagande est faite en vue de convaincre l'opinion du monde que le Traité de Versailles a lésé l'Allemagne et qu'entre ses nombreux torts le plus grand est d'avoir créé le „Corridor Polonais" vers la Baltique et d'avoir englobé Danzig dans l'organisme économique de la Pologne. Les Allemands se plaignent que la Prusse Orientale ait été séparée du reste de l'Allemagne et condamnée ainsi à dépérir.

On prétend que la Ville Libre de Danzig est forcée de se défendre contre la polonisation, ce qui lui est rendu particulièrement difficile à cause de la mauvaise situation économique dans laquelle elle a été placée et qui empire à mesure que se développe le second port polonais, celui de Gdynia. La presse allemande fait savoir à tout venant que les Polonais travaillent à affamer Danzig afin de l'obliger à se rendre sans conditions. Les Allemands demandent donc que le „Corridor" disparaisse et que Danzig retourne au Reich. En retour, les uns proposent d'ouvrir à la Pologne l'accès à la mer par tous les ports allemands de la Baltique..... Les autres sont prêts à lui faire don.... de la Lithuanie, y-compris Memel, ainsi que du protectorat sur la Lettonie et l'Estonie — propositions qui, je le crois, sont trop fantaisistes pour qu'on les commente ou qu'on y réponde.

Mais, voyons un peu quel aspect présentent tous ces torts, ces aspirations et ces exigences à la lumière de la vérité, de la géographie de l'éthnographie, de la statistique non truquée, à la lumière de l'histoire ainsi que des conditions dont la réalisation est nécessaire au maintien de la paix dans cette partie de l'Europe.

Qu'est-ce, d'abord, que le „Corridor Polonais"? Ce n'est pas du tout un „Corridor". Ce n'est qu'une portion des territoires polonais qui, dès la première apparition de la Pologne dans l'histoire, en formaient partie intégrante et la reliaient à la mer Baltique. Ces territoires ont été exposés pendant des siècles à la poussée germanique vers l'Est.

Pendant des siècles ils ont été le théâtre d'une lutte incessante. On aura une idée de l'âpreté et du caractère que lui ont donnés les champions du germanisme lorsque nous aurons cité un seul fait, emprunté par nous à dessein aux sources allemandes: en 1308, l'Ordre Teutonique surprit et égorgea dix mille habitants de Danzig, qui était alors une ville polonaise, afin de s'en rendre maître. Des méthodes pareilles ont été appliquées partout en Poméranie, afin de faire de la place pour la colonisation. Malgré cette guerre d'extermination qui a duré plusieurs siècles et qui n'a fait que changer de moyens pour devenir particulièrement violente après la chute de la Pologne ancienne, l'élément polonais a su se maintenir sur une partie de son sol primitif et il a conservé pour la Pologne nouvelle le territoire qui l'unit à la mer. Ce qu'on se plaît à appeler un „Corridor" censément découpé dans le territoire allemand est en réalité une province de 25.555 klm.[2], une province polonaise de tout temps et où la majorité très forte de la population n'a jamais cessé d'être et de se sentir polonaise.

La statistique officielle allemande, ellemême, malgré ces distinctions ethniques subtiles et malgré son caractère tendancieux n'a pas réussi à jeter un voile sur le caractère polonais de cette région. Elle avouait en 1910 que dans le pays qui constitue la Poméranie Polonaise actuelle les Polonais atteignaient 50 à 75% de la population, selon les districts. Avant la guerre, les élections à la Diète de Prusse avaient lieu au scrutin public et les classes riches y disposaient du même nombre de voix que la masse pauvre. Malgré cela, la Poméranie nommait à la Diète des députés polonais. En 1921, effectué à une date où aucune immigration de Polonais originaires des autres provinces n'aurait pu avoir le temps de modifier tant soit peu gravement la composition de la population et où seuls quittèrent le pays les éléments qui n'y tenaient par aucune attache, le recensement polonais a donné, dans les districts poméraniens, le nombre suivant de Polonais:

Région:	Puck, Wejherowo, Kartuzy Kościerzyna	80 à 95%
„	Chojnice, Bydgoszcz, Grudziądz	52 à 77%
„	Torun, Chełmno, Tuchola, Brodnica	65 à 89%

Aussi le Traité de Versailles, en reconnaissant à la Pologne le droit d'user du port de Danzig et en érigeant cette ville en Ville Libre, ne pouvait se limiter à attribuer à la République reconstituée un *corridor* comme voie d'accès au port en question. En raison même des principes dont il s'inspire, il fallait bien que ce Traité rendît à la Pologne la portion de la Poméranie dont la population est en majorité polonaise. Dans les autres régions, où la chose paraissait tant soit peu douteuse, des plébiscites ont été prescrits pour décider de leur sort. On s'obstine de parler de corridor, comme s'il s'agissait d'une bande qui longerait le territoire allemand. Or, il s'agit d'une province polonaise de grande étendue qui échut de plein droit à la Pologne, d'une province dont l'existence est l'expression du droit de la Pologne à la mer Baltique et de son droit à user du port de Danzig, situé à l'embouchure du principal fleuve polonais. Ce n'est pas Danzig ni son passé historique qui ont décidé en première ligne de l'attribution à la Pologne d'un accès à la mer, c'est le caractère polonais de la Poméranie en tant que province côtière de la Pologne constituant de fait son accès à la mer. Cette attribution a forcément été completée par l'incorporation de Danzig à l'organisme économique de la République, car autrement cette ville aurait été condamnée à dépérir et la Pologne aurait été privée de son issue naturelle sur la mer par le port où finit son plus grand fleuve, celui qui la traverse de part en part, depuis sa source jusqu'à son embouchure.

Quant à la Prusse Orientale, voici ce qu'il en est. Le retour de la Poméranie à la Pologne a rendu manifeste un fait que les démembrements de la République avaient relégué dans l'ombre: la Prusse Orientale est un avant-poste allemand détaché dans l'Est lointain, c'est une colonie située en terre étrangère, une enclave que les Polonais et les Lithuaniens entourent de toutes parts là où elle ne touche pas à la mer. Les difficultés d'ordre économique contre lesquelles cette colonie a à lutter, ont leur source dans sa situation géographique: elle est beaucoup trop loin du reste de l'Allemagne pour vivre avec elle de la même vie économique. La Pologne n'est pas un obstacle au transit entre la Prusse Orientale et le reste de l'Allemagne. La preuve en est que depuis dix ans, aucune plainte à ce sujet n'a été formulée du côté allemand. Pourtant, il faut reconnaître que la situation de la province en question est difficile. Seulement, il convient d'en rechercher les raisons ailleurs que dans l'existence de la Poméranie Polonaise.

Si, en effet, la population de la Prusse Orientale est en train de diminuer; si en 1926 seulement 135.000 personnes ont quitté cette province pour aller vivre ailleurs en Allemagne; si dans aucune autre région allemande les propriétés foncières ne sont tellement grevées d'hypothèques; si le mouvement des ports y décroît — la raison n'en est pas dans la séparation de la Prusse Orientale du reste de l'Allemagne, mais dans son éloignement, tandis que sa situation géographique fait dépendre sa prospérité des pays non-allemands qui la bordent. La Prusse Orientale ne peut se développer qu'en rattachant sa vie économique à celle de la Pologne et à celle de la Lithuanie, pour lesquelles elle constitue un territoire naturel de transit. Située si loin de l'Allemagne cette province, qui est surtout agricole, ne peut écouler ses produits sur les grands marchés allemands sans payer des frais de transport trop élevés ou sans que le contribuable allemand les paye pour elle. Pour la même raison, elle ne peut être un marché pour les produits de l'industrie allemande. Avant la guerre la Prusse Orientale prospérait. Mais cette prospérité avait sa source dans le traité de commerce russo - allemand, traité très favorable à son développement, qui avait fait diriger sur elle les exportations et les importations d'un arrière-pays immense, comprenant une grande partie de la Pologne, de la Lithuanie, de la Ruthénie Blanche jusqu'aux terres fécondes de l'Ukraine. Ainsi, pour ne citer que quelques chiffres à titre d'exemple, en 1913 les importations en Prusse Orientale ont atteint:

600.000 tonnes de blé,
1.000.000 mètres^3 de bois de construction,
100.000 tonnes de bois de chauffage.

La Pologne, la Lithuanie et les provinces méridionnales de la Russie d'alors ont importé pendant la même année 600.000 tonneaux de harengs saurs par le seul port de Koenigsberg.

On se trompe gravement en croyant que la disparition de la Poméranie Polonaise suffirait à stabiliser la situation internationale et à maintenir la paix. Au contraire. Les difficultés de l'Allemagne, en général, et de la Prusse Orientale, en particulier, proviennent non pas de modifications locales, mais du changement qui s'est effectué dant tout l'Est de l'Europe centrale. Les Allemands qui protestent contre le soi disant „Corridor Polonais" veulent en réalité modifier les frontières polonaises non seulement à l'ouest mais aussi à l'est de façon à rétablir le contact territorial immédiat qu'ils avaient avec la Russie avant la guerre, ils veulent surtout que la voie leur soit ouverte vers l'Ukraine. Dans leur conception, il n'y a pas de place pour une Lithuanie indépendante, ni pour la Lettonie, ni pour l'Estonie qui devraient disparaître. La vie a fait table rase de ce programme. Celui qui le reprend menace la paix de l'Europe entière.

Aujourd'hui que la situation politique et territoriale de l'Europe orientale et centrale a été changée du tout au tout, il convient d'abandonner les rêves d'expansion et de conquêtes. Il faut se décider à entrer avec la Pologne en relations pacifiques normales. Celles-ci amèneront certainement une amélioration sensible dans les conditions économiques de la Prusse Orientale. Malheureusement, les dirigeants allemands préfèrent toujours sacrifier chaque année des sommes énormes pour maintenir la muraille impénétrable qui sépare la Prusse Orientale de la Pologne, pour empêcher qu'entre l'une et l'autre s'établissent et se développent les rapports qui sont dans la nature de leur situation géographique respective et de leur vie économique.

D'autre part, tandis que malgré les sacrifices financiers et les efforts du gouvernement allemand, malgré les tarifs réduits spéciaux, le mouvement des marchandises et des navires décroit dans les ports allemands de la Baltique et surtout dans ceux de la Prusse Orientale, nous voyons le port de Danzig acquérir une importance qu'il n'avait encore jamais atteinte. C'était avant la guerre un port de deuxième ordre, de caractère local. C'est maintenant un grand port d'importance mondiale dont le mouvement a dépassé celui de Koenigsberg, de Stettin et de tous les autres ports de la Baltique.

D'après les sources allemandes, le mouvement des ports allemands et de Danzig a atteint en proportion de celui de 1913 l'importance suivante:

Hambourg	98 %	du	mouvement	d'avant-	guerre
Brême	77 %	„	„	„	„
Stettin	65 %	„	„	„	„
Lubeck	65 %	„	„	„	„
Koenigsberg	76 %	„	„	„	„
Kiel	89 %	„	„	„	„
Danzig	**374 %**	„	„	„	„

Le mouvement des marchandises dans le port de Danzig dépasse actuellement celui de tous les ports allemands, sauf celui de Hambourg. Ce mouvement était:

en	**1913**	de	**2.112.101**	tonnes
„	1925	„	2.722.746	„
„	1926	„	6.300.301	„
„	**1927**	„	**7.897.614**	„

Ce développement est constant et sa base est solide, car il est parallèle au développement de la vie économique de la Pologne. On peut être certain qu'il atteindra un niveau encore plus élevé dans les années qui suivront. En effet, bien qu'un second port polonais soit en voie d'achèvement à Gdynia et que le mouvement de ce port dépasse déjà le niveau du mouvement de Danzig avant la guerre, la Pologne aura besoin au moins des deux pour suffire aux besoins de sa vie économique qui est de plus en plus intense. Gdynia n'est pas du tout destinée à affamer Danzig et à l'acculer à une capitulation. C'est tout simplement pour la Pologne un deuxième port qui viendra s'ajouter à celui de Danzig. En effet, malgré tout l'intérêt sentimental dont il est entouré par les Polonais qui sont fiers de l'avoir créé de toutes pièces, ce port n'arrivera jamais à remplacer celui de Danzig, favorisé par sa situation à l'embouchure de la Vistule. Danzig a toujours été dans le passé le grand port de la Pologne, sa prospérité a toujours été en fonction de la puissance politique et de la richesse économique de ce pays. Ce rôle, il le gardera nécessairement.

La presse allemande a beau faire entendre ses plaintes: Danzig se relève économiquement chaque jour, malgré les suites de la guerre et malgré ses difficultés financières. L'augmentation de la circulation monétaire dans la Ville Libre en témoigne. Elle était de 40 millions de gouldens en 1924, et en 1927 elle avait atteint 44,4 millions. Une autre preuve en est dans l'abaissement du taux de l'intérêt qui était de 12% en 1924, et qui n'était plus que de 6% en 1927. Citons encore le fait que les sommes déposées à la Caisse d'Epargne de Danzig ont atteint 19,2 millions de gouldens en 1927, contre 14 millions en 1913. Ajoutons enfin que le nombre des chômeurs diminue constamment.

Danzig a eu des démêlés avec la Pologne. Mais ces démêles étaient d'ordre politique. Leurs promoteurs étaient les nationalistes allemands qui avaient réussi à se rendre maîtres du Sénat de la Ville Libre et qui usaient des moyens que cette situation leur mettait en mains pour transformer Danzig, de port destiné à assurer l'accès à la mer à la Pologne en un poste de combat contre celle-ci. La population de la Ville Libre a reconnu en temps utile qu'on voulait en faire un instrument docile des partis de droite et aux dernières élections elle a infligé une défaite aux anciens fonctionnaires prussiens qui prétendaient continuer le régime impérial. La raison d'état de Danzig l'a emporté. Aujourd'hui, les représentants attitrés de la Ville Libre déclarent que l'avenir de Danzig et des grandes masses de sa population dépend de la consolidation de l'entente directe avec la Pologne. En retour, celle-ci ne demande à Danzig qu'une chose: que cette ville accomplisse sa fonction.

Les statues des rois et les aigles blancs qui figurent sur les monuments anciens de Danzig témoignent de son union historique avec la Pologne. Ils sont, pour les Polonais d'aujourd'hui, une indication pour l'avenir, à savoir qu'il n'y a qu'une méthode de s'associer Danzig: le respect, comme au temps de rois de Pologne, des privilèges et des libertés de cette ville, qui en 1793, l'année du deuxième démembrement. de la Pologne a accueilli par un soulèvement désespéré la garnison prussienne qui venait en prendre possession.

Frédéric II, roi de Prusse, a écrit en 1788 dans son testament:

„Celui qui se rendra maître de l'embouchure de la Vistule et de Dantzig sera plus maître de la Pologne que le roi qui y règne".

Frédéric voyait juste. L'indépendance politique et économique de la Pologne a pour condition le maintien par elle du littoral poméranien, de son libre accès à la mer. C'est pour la Pologne une question de vie, c'est la condition nécessaire de son libre épanouissement économique. Pour l'Allemagne, quand elle finira par se libérer des retours de l'impérialisme et des idées de conquête et d'expansion à l'Est, il n'y aura là aucun obstacle à ses relations avec la Prusse Orientale. La nation polonaise sait apprécier à sa valeur la nation allemande. Elle reconnaît la place que celle ci détient dans la grande famille des nations occidentales qui toutes en ce moment se débattent au milieu de difficultés très graves et qui sont menacées de périls communs. La nation polonaise a l'ambition d'égaler les autres peuples en une seule chose: le travail. Elle aspire à coopérer activement au maintien de la paix internationale. Les traités existants ont créé des conditions dans lesquelles l'atteinte de ce but devient possible. Aussi, le respect de ces traités est-il à la base de tout travail pour la paix.

BOLESŁAW SROCKI,
DEPUTE.

Les Polonais en Allemagne et les Allemands en Pologne.

De 1919 à 1921, à l'occasion de la délimitation de la Pologne restaurée et de l'Allemagne, le principe du droit des populations intéressées de décider du sort des territoires qu'elles habitent a été appliqué dans une très large mesure. En dehors de la Posnanie et de la Poméranie polonaise dont le caractère ne soulevait aucun doute et qui ont été purement et simplement attribuées à la Pologne, des plébiscites ont été organisés dans tous les territoires litigieux. Leurs résultats ont été tantôt favorables à l'Allemagne, comme dans l'Ermeland ou en Masurie, tantôt ils ont amené un partage du pays entre les deux Etats comme en Haute - Silésie ou dans la vallée de la Basse-Vistule.

Ce n'est pas notre intention d'étudier les méthodes d'organisation de ces plébiscites ni les conditions dans lesquelles les populations ont été appelées à se prononcer, Bornons-nous à signaler, en passant, que dans tous les cas, les Allemands ont été favorisés. L'administration demeurait la même, c'est-à-dire qu'elle était allemande. La Pologne était engagée contre la Russie Soviétique dans une guerre dont l'issue paraissait douteuse. Politiquement et économiquement affaiblie avant d'avoir eu le temps de s'organiser, son attraction en a été amoindrie d'autant. Ajoutons que pour se décider à donner sa voix à la Pologne, il fallait faire preuve d'énergie et même de courage, il fallait s'élever au-dessus d'une tradition désormais séculaire, lutter contre une pression politique et économique puissante, enfin ne pas se laisser intimider par le terrorisme déchaîné contre ceux qui se déclaraient pour la Pologne. Ce qui importe ici, c'est de mettre bien en évidence le fait que le principe même de ne décider des changements territoriaux qu'après consultation de la partie intéressée a été pleinement reconnu comme principe directeur de la liquidation de la guerre. Au lieu de s'en tenir à la maxime antique „vae victis", les vainqueurs qui organisaient l'Europe nouvelle étaient à ce point préoccupés de justice objective qu'ils ont même laissé aux vaincus à peu près tous les avantages que ceux-ci auraient probablement acquis grâce à l'emploi de la force.

Loin de léser l'adversaire qu'elles avaient eu tant de mal à terrasser, les puissances victorieuses l'ont plutôt privilégié. Mais, à peine la délimitation eut-elle été terminée, il fut de suite manifeste que les difficultés entre les deux nationalités en présence persisteraient dans toute leur complexité. Polonais et Allemands ont vécu de longs siècles en voisins, non sans se pénétrer. De plus, à l'époque de l'asservissement des uns par les autres ils ont été confondus dans le même Etat. Malgré tout le soin apporté à délimitation, celle-ci a laissé des deux côtés de la frontière nouvelle de forts contingents allogènes qui sont désormais forcés d'assumer le rôle peu enviable de minorité nationale. En somme, il en est résulté une situation délicate, bien faite pour encourager tous ceux qui rêvent de remettre l'Europe à feu et à sang. Il est nécessaire que, de part et d'autre, le problème soit posé froidement et intelligemment. Il faut surtout qu'on fasse un effort sincère en vue d'assurer chez les uns et chez les autres une liberté d'allures réelle et des conditions d'existence favorables au groupe national allogène.

Nous verrons plus loin ce que l'Allemagne et la Pologne ont fait dans ce sens. Pour commencer, voyons les éléments essentiels du problème. Ce sont: le caractère et la force numérique des deux groupes minoritaires, du groupe polonais en Allemagne et du groupe allemand en Pologne.

Entre eux, il y a une différence fondamentale. Les Polonais qui habitent l'Allemagne actuelle sont, pour la plupart, une population autochtone qui occupe, depuis un temps immémorial, le même territoire et qui y constitue une masse compacte. Au contraire, les Allemands de Pologne sont une population immigrée dont les rapports avec le sol qu'elle habite et le territoire où elle travaille sont de fraîche date.

Cette constatation est le point de départ pour arriver à distinguer les caractères essentiels du tableau que présentent les rapports entre les nationalités des deux Etats.

Il y a d'abord le fait que la minorité polonaise en Allemagne dispose d'une force de résistance nationale beaucoup plus grande. Parmi les territoires qu'elle habite il en est qui, depuis six siècles, ont été détachés du gros de la nation. C'est le cas de la Silésie d'Oppeln qui a d'abord été réunie à la Bohême qui a fait ensuite partie du domaine autrichien des Habsbourg pour finir par passer aux mains du Grand Frédéric et être convertie en province prussienne à la suite de la Guerre de Sept Ans. Malgré cela, et malgré la germanisation intense dont elle fut l'objet pendant les 150 dernières, années, à partir du moment où le régime prussien y a été installé, la population de ce territoire a non seulement conservé sa langue maternelle, mais elle est demeurée nettement consciente de son originalité nationale.

Mais s'il s'agit, au contraire, de force active, s'il s'agit de conquérir et de garder les droits et la position qui correspondent à sa force numérique, la minorité polonaise en Allemagne est certainement très inférieure à la minorité allemande en Pologne. Celle-ci a toujours à sa tête des champions conscients et décidés du germanisme qui ont été désignés pour jouer ce rôle par les groupements les plus ardemment nationalistes de l'ancienne Allemagne, ceux-là même qui proclamaient la lutte à outrance contre l'élément polonais et qui agissaient dans l'esprit du fameux „Drang nad Osten", ce point essentiel du programme le plus impérialiste qui fut jamais, programme qui exprimait la foi que le rêve du rôle décisif réservé à l'Allemagne dans les destinées du monde deviendrait bientôt une réalité.

La différence entre les deux minorités devient encore plus grande par l'effet du contraste qui existe entre elles au point de vue social. La minorité polonaise en Allemagne appartient aux classes sociales les plus dénuées de tout. Ce sont, pour la plupart, des ouvriers des mines, des usines et des travailleurs agricoles, par conséquent un prolétariat qui vit dans la dépendance constante du capital. Or, celui-ci est presque sans exception un capital allemand. Aussi la possibilité d'exercer, à tout moment, une pression économique pour appuyer les revendications politiques dans les questions des nationalités est-elle une arme très puissante aux mains des Allemands dans la partie des marches-frontières, laissées à la Prusse après la guerre.

La minorité allemande en Pologne est dans une autre situation. Elle est composée de grands et petits propriétaires, de représentants des professions libérales, de commerçants et d'industriels indépendants. Parmi ces derniers, il y a beaucoup de grands usiniers et de membres des conseils des grandes sociétés anonymes qui occupent un nombre considérable d'ouvriers et d'employés. Ainsi, aucune pression politique patronale ne peut atteindre la minorité allemande en Pologne. Bien plus, l'expérience de la Haute - Silésie a démontré que c'est elle qui, au contraire, est en état d'exercer une pression politique sur la population ouvrière polonaise, qu'elle est toujours capable de faire plier celle-ci devant sa volonté de germanisation.

Ces caractères et ces situations différents ont une influence décisive dès que l'un ou l'autre groupe est mis en demeure d'affirmer nettement sa qualité de minorité nationale. Il s'ensuit qu'il convient d'appliquer une mesure différente à ceux de leurs actes qui sont pris en considération lorsqu'il s'agit d'évaluer la force de l'une et de l'autre minorité ainsi que d'établir des comparaisons.

Ainsi, lorsqu'on veut connaître la force numérique exacte de chacun des groupes minoritaires en question, il faut tenir bien compte du fait qu'étant donné la tendance des organes de recensement à représenter la physionomie nationale de chaque Etat comme plus homogène qu'elle ne l'est en réalité, la minorité polonaise en Allemagne, qui vit dans un état de sujétion économique et qui est incapable de se défendre contre les suggestions d'en haut, peut être privée des droits qui dérivent du principe de la libre déclaration de la nationalité plus facilement que ne peut l'être la minorité allemande en Pologne. C'est d'autant plus important qu'il est patent que l'administration allemande s'applique consciencieusement à faire paraître aussi infime que possible la proportion de la population polonaise en Allemagne. Ainsi, des critères linguistiques particuliers ont été inventés, qui permettent de distinguer plusieurs groupes ethniques parmi les Polonais, groupes dont un seulement porte dans les statistiques l'épithète **„polonais"** tandis que les autres sont dénommés différemment. En Prusse orientale, par exemple, les recensements distinguent deux langues: le polonais proprement dit et le **mazoure**, ce qui fait croire qu'il s'agit de deux nationalités. Or, la dénomination „mazoure" n'a qu'une valeur de dialecte régional; elle signifie tout bonnement „de Mazovie", est-à-dire relatif à l'une des provinces les plus foncièrement polonaises de la Pologne, celle-là même dont la ville principale est la capitale de la Pologne—Varsovie. Si l'on voulait appliquer la même méthode au recensement de la minorité allemande en Pologne, on arriverait à y distinguer, de même, plusieurs groupes, suivant le dialecte et l'origine: des Saxons, des Prussiens, des Bavarois, des Souabes, des Frisons, et. et pas d'Allemands proprement dits.

Il y a plus. Dans toute l'Allemagne les statistiques font un groupe à part de tous ceux qui, tout en ayant le polonais comme langue maternelle, parlent couramment l'allemand. C'est le groupe des *„bilingues"*. Eh bien, si l'on voulait raisonner de même en Pologne, on serait amené à conclure que pas un des députés allemands à la Chambre polonaise n'est vraiment un Allemand puisque tous sont suffisamment maîtres du polonais pour être comptés dans ce groupe national étrange des bilingues. Or, c'est dans ce groupe que les statistiques allemandes font rentrer la majorité des Polonais d'Allemagne.

Aussi, lorsqu'on entreprend de calculer le nombre des Polonais en Allemagne en prenant comme point de départ les chiffres du dernier recensement officiel, celui du 16 juin 1925, il convient d'abord de tenir compte de ce que celui-ci ayant été manifestement tendancieux, les chiffres qui y figurent sont très au - dessous de la réalité. Il convient aussi de réunir en une seule quatre rubriques différentes du recensement, notamment celle des *Polonais,* celle des *Mazoures,* celle des *bilingues Polonais* et celle des *bilingues Mazoures*, ce qui nous fournit les chiffres suivants:

Population polonaise en H-te - Silésie d'Oppeln	531.682
Population polonaise en Prusse Orientale	109.944
Population polonaise dans la Marche frontière (Grenzmark)	14.948
Population polonaise en Westphalie et en Rhénanie	53.143
Total des quatre agglomérations les plus importantes de Polonais en Allemagne	709.717

Ces chiffres qui sont loin de comprendre tous les Polonais d'Allemagne sont très vigoureusement critiqués par les organisations polonaises locales. Celles-ci ont procédé à des évaluations dont les résultats atteignent, pour certaines régions, jusqu'au double de ce qui figure dans la statistique officielle et qui sont très proches des chiffres que le dernier recensement allemand d'avant guerre, — celui du 1 décembre 1910, — donnait comme exprimant le nombre des Polonais dans les limites actuelles de l'Allemagne. Il y vivait alors: [1])

Polonais proprement dits	1.186.996
„Bilingues"	133.743
„Mazoures"	194.314
„Kachoubes" [2])	2.387
Total	1.517.440

[1]) Jahrbuch für Freistaat Preussen, XIX, cité par M. W. Łypacewicz dans: „Liczba Polaków w Niemczech i Niemców w Polsce".

[2]) Les Kahoubes sont les habitants polonais du

Sans doute, le nombre des Polonais qui habitent l'Allemagne a certainement baissé depuis 1910. Il y a eu des gens qui ont préféré quitter le pays pour aller vivre dans les territoires échus à la Pologne. Un certain nombre d'ouvriers polonais de Westphalie sont allés travailler dans les mines et dans les usines françaises. Il y a aussi lieu de tenir compte du fait que la germanisation de plus en plus intense n'a pas été sans porter des fruits. Mais, il est évidemment impossible que la population polonaise ait baissé dans une proportion aussi forte, comme il faudrait le croire si les chiffres du recensement de 1925 étaient exacts. C'est le cas de rappeler ce qu'on vient de dire sur l'autochtonisme de la population polonaise en Allemagne ainsi que sur la classe sociale à laquelle elle appartient. Les groupes particuliers qui tiennent au sol depuis des siècles ne se laissent pas impressionner trop fort par les événements politiques et les modifications territoriales n'entraînent pas chez eux de mouvement d'émigration en masse.

La question de l'émigration de la minorité allemande en Pologne se présente sous un autre jour. Dès la restauration de l'Etat polonais, les Allemands qui étaient établis sur son territoire ont commencé à partir en masse pour rentrer dans leur patrie et ils continuent à le faire. Ce fait a plusieurs raisons. La première en date est d'ordre politique. En effet, en 1919/1920

---

littoral de la Baltique. Ils sont pêcheurs et paysans. Comme ils parlent un dialecte particulier, les statisticiens allemands se sont empressés d'en faire un groupe distinct, comme ils en ont fait un des Mazoures, afin d'amoindrir d'autant le chiffre des Polonais.

le gouvernement allemand croyait qu'en encourageant les fonctionnaires de nationalité allemande à quitter en masse et simultanément les territoires attribués à la Pologne, il en désorganiserait l'administration et y dérangerait la vie normale. Un fait pour démontrer à quel point le gouvernement allemand d'alors était sûr de son jeu et quels profits il escomptait: en avril 1920, la Pologne envoyait à Berlin un délégué spécial avec mission de négocier en vue de laisser sur place les fonctionnaires spécialistes. Le ministère des Affaires étrangères d'Allemagne répondit à cette requête par rien moins que la demande de revision des frontières tracées en exécution du Traité de Versailles et, comme le gouvernement polonais repoussa cette demande comme une absurdité, tous les fonctionnaires de nationalité allemande furent rappelés en toute hâte.

Une autre raison est le changement des conditions économiques dont dépendait la prospérité des colons et des commerçants allemands en territoire polonais. Avant la guerre, ils y avaient été établis par le gouvernement de la Prusse qui ne leur ménageait pas son appui financier et que secondaient de grandes ligues organisées à cet effet, en premier lieu la Ligue des Marches Orientales ou *Ostmarkenverein.* De plus, les colons et les commerçants en question étaient assurés de la faveur de l'administration locale et des fonctionnaires. Du moment que les fonctionnaires partaient et que l'administration allemande disparaissait, du moment que la protection officielle faisait subitement défaut, un mouvement puissant de retour s'est fait sentir dans les milieux allemands industriels et commerçants de Posnanie et de Poméranie Polonaise. Ce mouvement s'est exprimé entre autres en ce que ces milieux ont opté en masse pour l'Allemagne, ce qui entraînait l'obligation de quitter le pays dans un délai déterminé.

Or, cette émigration s'est effectuée pour une forte part après la date de recensement polonais du 30 décembre 1921. Il s'ensuit que les chiffres de ce recensement ne donnent pas une image exacte de la proportion d'Allemands dans la population de la Pologne. Mais tandis que les chiffres des recensements allemands sont certainement trop bas en ce qui concerne la population polonaise actuelle de l'Allemagne, ceux du recensement polonais sont, au contraire, beaucoup trop élevés. Ils ne correspondent plus à la réalité du moment. Néanmoins avant d'y appliquer les corrections nécessaires, citons les tels quels:

La population de nationalité allemande était en 1921:

dans le palatinat de Poznan de	327.638	âmes
" " " " Poméranie	175.329	"
" " " " Silésie [1]	263.950	"
dans l'ancienne Pologne autrichienne	68.820	"
" " " russe	196.540	"
Total	1.032.187	âmes

[1] La population de la Haute - Silésie polonaise n'a pas été recensée en 1921 ce territoire n'ayant pas encore été attribué définitivement à la Pologne; le chiffre ci - dessus a été calculé par l'Office de Statistique de l'Allemagne en prenant pour base les chiffres du recensement de 1919: „Statistisches Jahrbuch für des Deutsche Reich", année 1925, p. 14.

Passons aux corrections. Elles sont surtout applicables aux chiffres des palatinats de Poznan et de Poméranie. Suivant M. Stolinski qui, dans son livre: „Les Allemands en Pologne", a pris pour base de calcul, d'une part, la statistique comparée des naissances et des décès dans la population totale de ces deux palatinats et dans sa partie protestante qui est entièrement allemande de 1921 à 1925, d'autre part, la proportion des enfants de langue allemande dans les écoles primaires des mêmes palatinats, il convient de réduire le chiffre des Allemands du palatinat de Poznan à 205.949 et celui des Allemands de Poméranie polonaise à 95.460. Notons que les résultats obtenus par M. Stolinski sont très rapprochés de ceux qu'obtint l'Institut Allemand pour l'Etranger, „Deutscher Ausland-Institut" de Stuttgart qui conclut à 300.000 Allemands dans les deux palatinats réunis [2]). On aurait donc dans la Pologne entière:

Palatinat de Poznan	205.949
Palatinat de Poméranie	95.460
Le reste de la Pologne	529.220
Total	830.629

un chiffre qui certainement serre la réalité de bien près. Ainsi, si l'on veut même, par un scrupule de prudence, admettre que la population polonaise n'est que d'un million en Allemagne, la force numérique des Allemands de Pologne restera néanmoins au-dessous de ce chiffre.

Quant à la force politique et à la puissance que l'une et l'autre minorité savent mettre au

[2]) Der Auslandsdeutsche, X année, Nr. II p. 319.

service de leurs revendications nationales et culturelles, elles sont toutes différentes.

La minorité polonaise en Allemagne en est réduite à lutter avec peine pour être seulement représentée au Reichstag et au Landtag de Prusse. Il lui arrive de ne pas conquérir un seul siège. Les causes en sont multiples. Il y a d'abord le système même des élections qui exige que, pour conquérir un premier siège, chaque liste réunisse un très grand nombre de voix dans une seule circonscription: 60.000 voix pour un premier siège au Reichstag et 40.000 pour un siège au Landtag de Prusse. Il y a ensuite la sujétion économique à laquelle sont soumis les Polonais d'Allemagne et dont on a parlé plus haut. Il s'ensuit que la propagande publique pour les candidatures polonaises est très difficile, d'autant plus qu'en dehors de la pression nationale et administrative on a souvent à compter avec des actes de violence comme la dispersion par la force des réunions électorales polonaises par les nationalistes militants allemands, organisés à cet effet.

Au contraire, la minorité allemande en Pologne dispose de fonds considérables dont une grande partie lui arrive d'Allemagne. D'autre part, elle a su prendre l'initiative d'organiser toutes les minorités nationales de Pologne en vue d'une action politique concertée et elle en a pris la direction. Aussi, a-t-elle su se tailler dans la représentation parlementaire de ces minorités une part qui dépasse considérablement sa force numérique. Ainsi, de 1922 à 1927, le groupe allemand comptait 17 députés à la Diète qui comprend en tout 444 membres. Actuellement, le même groupe a encore grandi; il compte 19 membres. Une des raisons en est qu'en profitant habilement du système électoral en vigueur en Pologne (système de représentation proportionnelle de Hondt) les Allemands savent marcher unis et alliés aux autres minorités contre les partis polonais divisés entre eux. On voit à quel point la situation politique des Allemands est plus favorable en Pologne que celle des Polonais en Allemagne.

Voyons maintenant les choses au point de vue de la manière dont les deux Etats intéressés satisfont les besoins de culture nationale des minorités en question. Ici, le contraste est encore plus prononcé, surtout dans le domaine scolaire. Ainsi, en 1926 il y avait en Pologne 815 écoles où l'enseignement était donné en allemand. Elles comptaient 70.022 élèves dont 66.868 de nationalité allemande. Il y avait en plus 10.691 enfants allemands qui suivaient l'enseignement primaire dans leur langue maternelle dans 217 écoles bilingues, à classes parallèles, allemandes pour les enfants allemands et polonaises pour les enfants polonais. Enfin, 96 enfants dont 31 allemands suivaient les cours de 3 écoles mixtes où certaines matières sont enseignées en polonais, les autres en allemand. Voici les mêmes chiffres présentés sous l'aspect d'un tableau [1]):

dans 815 écoles de langue allmende il y avait en tout 70.022 élèves dont 66.868 allemands

dans 217 écoles à classes allemandes il y avait en tout 36.292 élèves dont 10.691 allemands.

---

[1]) „Rocznik statystyki Rzeczypospolitej Polskiej za rok 1927", pp. 407 — 409 et pp. 421 — 424.

dans 3 écoles mixtes il y avait en tout 96 élèves dont 31 allemands.

Total 106.410 élèves dont 77.590 allemands [2]).

Rien, ou presque, du côté allemand qui puisse être mis en regard de ces chiffres. Aussi, les statistiques allemandes préfèrent - elles passer sous silence ces questions délicates. La seule région de l'Allemagne où il existe un enseignement scolaire en polonais est la Silésie d'Oppeln. En 1928 il y avait là 29 écoles primaires polonaises qui comptaient 506 élèves. A part ce nombre infime d'enfants dont l'instruction était faite en polonais, il y en avait encore 2.192 qui, en plus de l'enseignement donné à tous, suivaient des cours de langue polonaise organisés dans les écoles allemandes. C'est tout.

Ces chiffres sont suffisamment éloquents pour se passer de commentaires. On voit que, d'une part, la minorité allemande en Pologne, minorité qui est riche et qui ne manque pas d'esprit agressif, reçoit de l'Etat toute l'aide dont celui-ci est capable, pour organiser et entretenir les écoles dont elle a besoin pour instruire et élever sa jeunesse dans sa propre langue. Par contre, en Allemagne, la population polonaise qui est pauvre, ne voit ses besoins satisfaits que dans une mesure dérisoire.

Ces chiffres mettent aussi en lumière le fait que les abus les plus manifestes ne sont pas né-

---

[2]) Nous empruntons ces chiffres à la belle étude de M. le docteur W. Junosza: „Szkolnictwo polskie w Niemczech, Varsovie 1928, publiée par l'Institut d'Etudes Minoritaires. Un abrégé français de cette étude vient de paraître dans les „Questions Minoritaires", revue publiée par le même Institut année Nr. I (1928).

cessairement ceux sur lesquels l'attention est attirée. La propagande allemande se plaint hautement et continuellement du prétendu tort fait à l'enseignement allemand en Pologne. Mais elle a soin de passer sous silence le fait que pour 167 enfants allemands qui suivent en Pologne un enseignement fait entièrement en leur langue maternelle il n'y a en Allemagne qu'un seul enfant polonais dans la même situation. Or, les Polonais, on l'a vu, sont plus nombreux en Allemagne que les Allemands en Pologne. Ils sont plus prolifiques que les Allemands. Il est tout-à-fait certain que le nombre des enfants polonais est plus considérable en Allemagne que celui des enfants allemands en Pologne.

Concluons: celui qui veut traiter la question de la minorité polonaise en Allemagne et celle de la minorité allemande en Pologne au point de vue de l'équité internationale et de la paix future de l'Europe — celui qui le veut reconnaîtra nécessairement ce qui suit:

La minorité polonaise en Allemagne est plus loyale envers l'Etat que l'Etat ne l'est envers elle. Il en est autrement en Pologne. Ici l'Etat respecte les intérêts minoritaires tandis que la minorité allemande y témoigne, hélas, de trop peu de respect envers les intérêts de l'Etat. Ce contraste deviendra évident pour quiconque étudiera la politique suivie par les deux groupes minoritaires [1]).

---

[1]) Il suffit de rappeler que le 11 novembre dernier, la Chambre Polonaise s'étant réunie en séance solenneile an vue de fêter le 10-me anniverssaire de l'Indépendance nationale, le groupe parlementaire allemand ainsi que ceux des autres minorités qui se rangent à sa suite,

Il a trouvé son expression éloquente dans l'attitude adoptée par l'un et l'autre aux Congrès des Minorités qui, à partir de 1925, se sont réunis à Genève et où deux idéologies se sont nettement opposées l'une à l'autre. L'une d'elles avait un caractère séparatiste et irrédentiste. C'était celle que représentait le plus complètement les minorités allemandes. L'autre avait pour base le postulat du développement national libre mais réalisé sous réserve du respect des intérêts supérieurs de l'Etat. C'était là l'idéologie dont les délégués de la minorité polonaise en Allemagne s'était faits les champions aux Congrès.

Il s'agit de beaucoup plus que de questions de méthode et de tactique. Il s'agit de choisir entre la voie qui assure la paix future de l'Europe et celle qui mène à la guerre. Espérons que la génération qui a vécu la sanglante épreuve d'il y a peu d'années, que la génération actuelle saura faire un juste choix.

---

ont décidé de boycotter cette solennité avec toute l'ostentation dont ils étaient capables. Il ne s'agissait pas d'opposition envers le gouvernement, mais bien de manifester leur hostilité envers l'Etat lui-même.

H. TENNENBAUM.
ANCIEN DIRECTEUR DE DEPARTEMENT AU MINISTERE DE L'INDUSTRIE ET DU COMMERCE.

Le traité de Commerce entre la Pologne et l'Allemagne.

L'étranger qui observe les laborieuses négociations polono-allemandes, lit les commentaires de la presse polonaise et de la presse allemande, passe en revue les communiqués des gouvernements polonais et allemand, ne peut que difficilement se rendre compte des raisons pour lesquelles ces négociations se poursuivent avec une telle lenteur.

La Pologne a intérêt à exporter les produits de son agriculture et de son élevage en Allemagne et, en transit par ce dernier pays, en France et en Belgique.

L'Allemagne affecte d'opposer à ceci des considérations d'ordre vétérinaire. Si l'établissement de réglements vétérinaires pour les animaux vivants se heurte à certaines difficultés, la chose est relativement facile en ce qui concerne la viande de porc et de boeuf et de tels réglements ont été, paraît-il, élaborés par la Commission vétérinaire polono - allemande en septembre. Les Allemands considéreraient que le transport en wagons hermétiquement fermés et pourvus de planchers qui ne laissent pas passer le jus de viande (Fleischsaft) ne présente aucun danger de contamination. Du moment que l'Allemagne a fait connaître les conditions de sécurité vétérinaire qu'elle estime indispensables, la Pologne a le droit, en vertu de la convention de Barcelone sur la liberté du transit, de réclamer à l'Allemagne qu'elle lui reconnaisse le droit de transit pour la viande dans les conditions ci-dessus indiquées. Or, l'Allemagne a proposé la fixation de contingents pour le transit de la viande et de ses sous - produits à travers l'Allemagne. Cette proposition est en contradiction avec les dispositions de la convention internationale sur la liberté du transit. Elle marque une tendance à influer sur les échanges entre la Pologne et les Etats tiers.

L'exportation de produits agricoles a une grande importance pour l'agriculture polonaise. Etant donné que le petit cultivateur, qui est le principal éleveur de porcs, occupe une place importante dans la vie économique du pays, on peut dire que le désir de conclure un traité de commerce avec l'Allemagne est général en Pologne. L'industrie polonaise qui travaille principalement, et, en tout cas, dans beaucoup de branches, pour le marché intérieur, se rend compte que l'amélioration du bien-être du petit cultivateur, qui résulterait de l'ouverture de débouchés pour la viande de porc relèverait sensiblement son pouvoir d'achat et augmenterait par là-même la capacité du màrché polonais pour les produits industriels nationaux.

Même au cas où la question vétérinaire serait définitivement réglée il faudrait encore tenir compte de l'opposition que ferait l'Allemagne à l'importation libre de produits agricoles sur le marché allemand à cause de la concurrence qu'elle créerait pour son élevage.

Or, l'importation polonaise ne peut constituer qu'un faible pourcentage de l'élevage allemand et ne peut par sa quantité influer sur les intérêts de cet élevage. Mais la chose se présente sous un jour différent si l'on envisage les intérêts régionaux des différentes provinces allemandes. Les régions orientales de l'Allemagne, et la Prusse Orientale en partieulier, seraient atteintes à un haut dégré par la concurrence des importations polonaises. Cela provient de ce que la Prusse Orientale est géographiquement plus éloignée du marché allemand que les régions occidentales de la Pologne. Cette situation était évidemment la même avant la guerre au temps où les provinces occidentales de la Pologne faisaient partie de l'Empire Allemand. Alors il y avait un reflux de la population agricole des parties orientales de l'Empire Allemand vers les centres industriels allemands et, comme corollaire, un afflux passager d'ouvriers agricoles polonais vers les régions orientales de l'Allemagne. En 1917 la Société d'Agriculture de Berlin s'était occupée, à l'une de ses séances, de la situation paradoxale résultant du fait que la Commission prussienne de Colonisation travaillait à renforcer les propriétaires allemands des provinces de l'Est de l'Allemagne et à affaiblir la propriété polonaise dans ces provinces, tandis qu'en même temps les cultivateurs allemands qui touchaient des subsides du gouvernement et jouissaient de son appui, faisaient venir des milliers d'ouvriers agricoles polonais pour les travaux des champs.

De nos jours, après la guerre, le Gouvernement allemand s'efforce d'arrêter ce reflux de la population agricole de la Prusse orientale. Il veut éviter que la population de cette province ne diminue et c'est pourquoi il est amené à créer des conditions favorables à son agriculture. Le problème de Prusse orientale absorbe l'attention du Gouvernement allemand qui consacre d'importants crédits aux besoins de l'agriculture de cette province. Dans ces conditions, toute concession faite en faveur du transport des produits de l'agriculture et de l'élevage polonais, irait à l'encontre des efforts du Gouvernement allemand tendant à maintenir la population de la Prusse orientale à son niveau actuel. Il n'y a donc rien d'étonnant à ce que le professeur Beckmar, qui est en relations étroites avec les milieux dirigeants allemands, résume la brochure qu'il vient de faire paraître sous le titre „Ostpreussen und Polen" par les mots: „Ostpreussen oder Polen".

Des considérations purement politiques dictent donc aux milieux dirigeants allemands une attitude qui s'écarte beaucoup des principes de la coopération internationale. Nous sommes en présence d'une situation où les intérêts régionaux priment les intérêts des échanges entre deux organismes économiques tandis qu'il faudrait subordonner les intérêts des échanges entre deux Etats aux intérêts des échanges universels. Il faut expliquer pourquoi le gouvernement polonais négocie avec le gouvernement allemand sur la base du contingentement de l'importation du bétail et de la viande. Les conditions vétérinaires étant réglées, la question des contingents aurait dû être écartée. Si, en effet, l'on peut fixer les conditions vétérinaires pour un certain contingent, ces conditions restent les mêmes pour l'importation libre. Le gouvernement polonais, tenant compte de la situation de fait qui existe en Allemagne, accepte que le gouvernement allemand traite avec quelque dédain les principes libre échangistes proclamés par les conférences internationales.

L'art. 4 de la convention antiprohibitioniste stipule:

„Les catégories suivantes de prohibitions et de restrictions ne sont pas interdites par la présente convention à condition toutefois qu'elles ne soient pas appliquées de manière... à constituer une restriction déguisée des échanges internationaux".

La déclaration adoptée par la Conférence internationale à l'occasion de la signature de la Convention antiprohibitioniste contient le passage suivant:

„Considérant que les mesures contre les épizooties et épiphyties ne doivent avoir en vue que la préservation des animaux et des plantes ou de la santé publique menacée par la consommation de viandes et de végétaux nocifs, et ne doivent être en aucun cas instituées ou appliquées comme un moyen de restreindre ou de différencier le commerce des pays exportateurs de produits de l'élevage ou de l'agriculture".

L'industrie polonaise sera évidemment la branche de production qui devra payer les frais du traité de commerce avec l'Allemagne sous forme de réductions de droits de douane. C'est pourquoi l'industrie polonaise est accusée de saboter le traité. Or, il y a de graves raisons pour lesquelles l'industrie polonaise est plutôt disposée à désirer la régularisation des rapports polono - allemands sous forme de traité. Grâce à ses relations internationales, l'industrie, mieux qu'aucun autre groupe économique polonais, se rend compte de la portée politique du traité. Celui-ci stabiliserait, peut-on dire, la situation économique de la Pologne, améliorerait les relations polono - allemandes, contribuerait à augmenter à l'étranger la confiance dans la Pologne et pourrait en conséquence favoriser l'afflux de capitaux étrangers dans des conditions plus favorables. Il est vrai que l'opinion émise par les Allemands, d'après laquelle le gouvernement polonais ne réussirait pas à obtenir un emprunt étranger avant la conclusion du traité de commerce avec l'Allemagne s'est révélée erronnée, puisque la Pologne a obtenu un emprunt étranger. Néanmoins, l'absion du traité de commerce avec l'Allemagne, peut, jusqu'à un certain point, entraver et retarder l'afflux de capitaux étrangers. Il y a des groupes industriels qui désirent, pour ces raisons, hâter la conclusion du traité, d'autant plus que l'Allemagne opère avec des capitaux français qu'elle prête de seconde main à la Pologne.

Les avantages qui résulteront pour l'industrie allemande de la conclusion du traité avec la Pologne sont absolument évidents. C'est l'industrie des moyens de production, ç. à. d. des machines, qui en tirerait les plus grands avantages. Du reste, cela dépendra de l'appui que le gouvernement allemand prêtera à telle ou telle branche de son industrie. Comme l'industrie polonaise se procure déjà des machines allemandes sans qu'il y ait de traité et cela en payant des droits de douane réduits, diminués souvent de 90%, ç. à. d. 10 fois inférieurs aux droits autonomes, les milieux dirigeants allemands considèrent que les concessions dans ce domaine n'ont pas d'importance. C'est une façon d'envisager le traité non pas du point de vue des avantages qu'en peut tirer l'industrie allemande, mais du point de vue des pertes qui peuvent en découler pour l'industrie polonaise. On prétend que puisque l'industrie polonaise profite de l'importation des machines, l'Allemagne n'a pas à payer pour cette importation. C'est une façon d'envisager les pertes unilatérales mais non des avantages réciproques.

Toute une série de branches d'industrie allemandes qui s'occupent de la production de moyens et d'instruments de production profiterait de l'industrialisation de la Pologne.

Le développement du bien-être en Pologne aurait des répercussions de plus en plus favorables sur les industries allemandes qui fabriquent des produits de consommation de qualité supérieure. L'industrie polonaise se trouve dans une phase de production en masse d'articles de consommation de qualité moyenne et d'instruments de production plus simples. Il existe donc des conditions favorables pour une coopération. Il est d'autant plus étonnant que le gouvernement allemand ne puisse se décider à s'engager dans la voie d'une coopération basée sur la situation de fait, que les représentants des branches de l'industrie des moyens de consommation en masse telles que l'industrie du sucre, du ciment, des superphosphates azotés, aussi bien en Pologne qu'en Allemagne, ont déjà conclu des accords internationaux privés. Même dans le domaine de la houille et du fer des conférences se réunissent de temps en temps, au cours desquelles l'on constate que les représentants des différentes branches d'industrie traitent cette question dans un esprit beaucoup plus conciliant et avec un désir bien plus grand d'entente réciproque que le gouvernement allemand qui, évidemment, demande trop pour la défense de l'exportation allemande. Les principales revendication, de la délégation gouvernementale allemande ont pourtant trait aux branches de production qui tendent à concilier leurs intérêts par la voie d'accords économiques privés. Tandis que l'opinion allemande approuve très souvent l'attitude de la délégation allemande, parce qu'elle désire que le traité avec la Pologne ne cause pas de dommages à la Prusse Orientalle, l'opinion des milieux agricoles polonais eux-mêmes soutient la délégation polonaise dans son attitude hostile à la réduction des droits de douane sur les articles de consommation en masse. Cela provient de ce que, en Pologne, la situation démographique présente un tout autre aspect que p. ex. en France. Tandis qu'en France l'on constate un afflux de la population des campagnes vers les villes et que la politique française cherche les moyens d'empêcher le dépeuplement des campagnes, en Pologne les campagnes sont surpeuplées et chaque petit cultivateur ressent directement les avantages qui découlent de l'existence de l'industrie qui attire le second et le troisième fils ou la fille, et

TABLEAU I.

En millions de zlotys-or (francs suisses).

		Total des importations en Pologne	d'Allemagne	% des importations totales	Total des exportations de Pologne	en Allemagne	% des exportations totales
Année d'avant la guerre douanière	1924/25	1.898,1	662,9	34,9	1.243,8	596,8	48,0
Période de la guerre douanière	1925/26	1.067,6	172,3	16,1	1.249,4	342,6	27,4
	1926/27	1.434,7	358,8	25,0	1 434,2	401,0	28,0
	1927/28	1.918,4	622,7	32,5	1.453,5	606,1	41,7

Importations d'Allemagne en milions de zlotys-or.

		Papier	Machines et appareils	Instruments électriques
Année d'avant la guerre douanière .	1924/25	14,1	62,3	21,0
Période de la guerre douanière	1925/26	7,4	23,9	12,4
	1926/27	22,2	48,0	25,3
	1927/28	33,9	105,3	44,6

TABLEAU II.

Exportations en Allemagne en milliers de tonnes.

	1924		1925		1926		1927		1928
	I	II	I	II	I	II	I	II	1-er semestre
Bois brut									
Bois à cellulose	69.3	146,2	190,8	468,1	350,0	573,1	465,7	761,7	435,7
Bois à constructions minières, rondins	31,7	30,4	66,8	172,9	183,6	266,5	289.8	311.0	192,8
Tronches, billots de chênes . .	41,5	45,9	195,8	150,9	277.8	220,2	777,3	486,7	488,0
Bois en partie ouvré									
Madriers, planches lattes . . .	146,1	203,9	304.6	127,0	111,6	133,1	181,4	297,1	264,4
Poteaux télégr. non imprégnés .	1,0	2.0	5,6	21,5	4,2	5,1	5.2	8,9	5,8
Traverses	33,9	43,7	94,7	117,6	137,2	65,2	66,5	93,3	52,9
Douves.	8,6	11,9	29,2	16,8	8,8	8,0	14,2	11,1	12,1
Produits fabriqués									
Meubles de tous genres . . .	0,9	1,1	1,2	0,8	0,8	0,6	0,6	0,7	0,8
Autres produits de bois . . .	1,3	1,4	2.3	1,2	0,4	0,8	1,6	1,6	1,4

TABLEAU III.

Exportations en Allemagne en tonnes.

	1924		1925		1926		1927		1928
	I	II	I	II	I	II	I	II	I
Viande de porc .	0,2	5,144	20,256	1,310	95,	49,	60,	7.	36,
Beurre.	1	2	70	413	1,383	2,857	2,121	3,751	4,239
Oeufs	3,080	4,963	12,748	8,547	23.060	17,626	21,139	15,322	15.531

permet d'éviter ainsi la dispersion de la propriété rurale et de la conserver en entier pour le reste de la famille. De plus, les paysans — petits cultivateurs — effectuent souvent en Pologne un travail supplémentaire dans l'industrie. Il en résulte une compréhension très vive de la valeur de l'industrie parmi les masses de la population rurale dans de nombreuses régions. Il arrive fréquemment que les paysans se demandent s'il ne serait pas plus avantageux pour eux d'établir plusieurs de leurs enfants dans l'industrie que d'élever quelques porcs de plus pour le marché allemand.

La vie est pourtant plus puissante qu'une fausse politique. Malgré la guerre douanière, la Pologne exporte en Allemagne des oeufs, du beurre, du bois rond et scié, du zinc, du lin; elle en importe des machines et des instruments de toute sorte et même de grandes quantités de papier qui est un article d'industrie de consommation.

Les chiffres du commerce polono - allemand ont atteint après trois ans de guerre douanière le niveau de la dernière année d'avant la guerre (voir le tableau No. 1).

Les branches de commerce que la guerre douanière et les prohibitions douanières d'importation et d'exportation n'ont pas réussi à étouffer ne devraient-elles pas être considérées comme la meilleure manifestation des véritables besoins des deux pays? N'est-il pas caractéristique qu'au cours de la guerre douanière, la Pologne exporte des produits agricoles, des matières premières, des produits mi-manufacturés industriels tandis que l'Allemagne exporte des machines pour l'industrie polonaise? N'est-il pas frappant de constater que, malgré la guerre douanière, les industries de consommation telles que l'industrie du ciment, des superphosphates, des azotates, du sucre, du fer, de la houille, ont conclu des accords ou sont en voie de le faire?

La conclusion qui s'impose, c'est que la vie elle-même exige un compromis que les gouvernements intéressés n'ont pas su jusqu'à présent réaliser.

MARJAN ZYNDRAM KOŚCIAŁKOWSKI,
DEPUTE,
RAPPORTEUR DU BUDGET MILITAIRE A LA DIETE.

Les budgets militaires de l'Allemagne et de la Pologne.

L'époque pacifiste où nous vivons ne s'intéresse à aucune des dépenses publiques autant qu'à celles qui sont consacrées à l'entretien de la force armée. Aucune n'est soumise à un examen critique aussi méticuleux. C'est que, fatiguées par la guerre, les nations tendent vers la paix et sont également opposées aux armements. Il faut que la nécessité de s'assurer les moyens indispensables de défense s'impose impérieusement à leur conscience pour qu'elles se décident à y consacrer des sommes aussi considérables qu'elles le font. Il n'en est autrement que là où la soif de revanche est plus forte que celle de la paix. Alors le budget militaire cesse d'être un budget d'entretien. Il devient un budget d'armement à caractère agressif.

La comparaison des budgets militaires de l'Allemagne et de la Pologne en fournit une preuve typique.

L'Allemagne est un des pays dont l'existence indépendante n'a pas subi d'interruption. Des siècles durant, ces pays n'ont jamais cessé d'accumuler des réserves énormes de matériel de guerre. Ils disposaient des magasins qu'il fallait pour la conserver. Ils avaient pour les hommes des locaux en nombre suffisant et de la capacité nécessaire. Ainsi ces pays peuvent ne dépenser annuellement que ce qui est indispensable pour entretenir sous les drapeaux l'effectif normal, plus ce qu'il faut pour mettre l'armée au niveau des exigences techniques de la guerre moderne.

Au contraire, la Pologne est sortie de la crise mondiale sans aucune réserve matérielle. Elle ne disposait pas de la moindre industrie de guerre. Elle manquait de casernes, de magasins, de bâtiments militaires quelconques qui fussent situés là, où sa répartition des troupes l'exigeait. Son réseau ferré n'était pas adapté à ses besoins propres en tant qu'Etat indépendant, mais à ceux de l'ancienne Allemagne, de l'ancienne Autriche - Hongrie, de l'ancienne Russie. Son tracé reflète leurs mutuelles méfiances. La jeune armée polonaise s'improvisait dans le feu des combats. Le mécanisme administratif était monté en pleine marche.

Il paraît donc raisonnable et juste d'admettre que dans un Etat pareil qui, comme la Pologne, ne vient de célébrer cette année que le dixième anniversaire de son existence indépendante et de son unité territoriale, dont l'armée est jeune et dont les réserves de matériel doivent être créées de toutes pièces, — le budget militaire doit être plus élevé en proportion que celui d'un Etat comme l'Allemagne qui depuis des siècles est pénétrée d'esprit guerrier, qui dispose d'une armée ancienne et éprouvée, d'une armée dont les réserves de matériel sont très abondantes non seulement celles qu'elle possédait avant la guerre, mais celles aussi qui ont été formées pendant celle-ci et qui sont demeurées intactes.

Or, voilà ce qui en est.

Le budget militaire de l'Allemagne se chiffrait en 1928 par 705.632.700 RM., soit 1.503.703.284 zlotys.

Le budget militaire de la Pologne se chiffrait en 1928 par 764.085.787 zlotys.

Soit 839.617.497 zlotys de plus en Allemagne qu'en Pologne, qui, on le voit, dépense pour son armée moins de la moitié de ce que dépense l'Allemagne. Ajoutons que dans les dépenses militaires polonaises 62% ou 474.984.689 zlotys, représentent l'entretien des hommes, leur nourriture, leur habillement. Seul le reste est consacré aux dépenses matérielles dont l'armée a besoin pour être à la hauteur des exigences modernes.

L'étude des dépenses militaires allemandes est particulièrement difficile. En effet, une grande partie des crédits qui y sont affectés figurent dans les budgets des divers ministères civils. De plus, ainsi que j'en ferai la démonstration, il y a dans le budget officiel de la guerre des positions sous lesquelles on découvre des choses inattendues, tout autres que celles qui paraissent à première vue dans le texte.

Le budget militaire de l'Allemagne comprend les dépenses suivantes pour l'année courante:

armée de terre	493.604.080 RM
marine	212.028.620 „
total	705.632.700 RM

La partie de cette somme constituée par les dépenses ordinaires se chiffre par 589.633.600 RM.

Dépenses extraordinaires 115.999.100 RM.

Il convient d'arrondir ces sommes par celles qui sont remises par les autres ministères, soit 270.000.000 RM. Il est vrai que le Conseil du Reich a réduit les dépenses militaires de plus de 15.000.000 RM., dont 9.300.000 ont été affectés à la construction du nouveau cuirassé. Mais le Gouvernement du Reich a adressé au Parlement une demande de restitution des dépenses de la marine, et le Parlement a voté cette restitution.

Si l'on compare le budget militaire allemand pour l'année 1928 avec le budget précédent, on remarque que les dépenses courantes y ont été augmentées de 19.182.530 zlotys, dont 19.000.000 en chiffres ronds de dépenses pour le personnel. Par contre, les dépenses extraordinaires, qui étaient de 60.559.155 en 1927, ont disparu du budget. En en tenant compte, on constaterait une augmentation de 4.500.000 RM. seulement.

La vérité est qu'à partir de 1924 — date de la réforme monétaire allemande — les dépenses pour l'armée de terre ont augmenté dans la proportion de 40% et le budget de la marine dans celle de 103,3%.

Passons aux chapitres.

Dans le budget de 1928, l'achat des armes et des munitions ne figure que pour 86.000.000, qui doivent suffire en outre à l'achat des voitures du train et à celui des bicyclettes. A ne considérer que ce chiffre, on serait porté à conclure que l'Allemagne réduit ses dépenses d'armement. Mais il faut compter avec les fonds secrets, avec le fait que les sommes très considérables qui figurent au budget comme étant destinées à l'entretien du matériel, peuvent être, sans plus, affectées à son renouvellement, que le gouvernement dispose, comme il l'entend, sans consulter le Parlement, des excédents budgétaires des années écoulées, qu'il a de plus à sa disposition des fonds importants dont l'origine est censément la liquidation de la grande armée ancienne. Si l'on tient compte de tous ces faits, on acquiérera la conviction que l'Allemagne de 1928 est en train de s'armer avec une intensité qui ne s'est pas ralentie depuis les années écoulées, en particulier depuis 1926-1927.

On vient de parler des sommes affectées à l'entretien du matériel. Elles sont certainement démesurées et on peut les citer comme exemple typique de ces titres budgétaires derrière lesquels sont masquées les dépenses d'armement nouveau. En vertu du Traité de Paix, l'armée allemande actuelle ne doit compter que cent mille hommes. Or, les dépenses que, suivant le budget allemand, entraîne l'entretien des divers matériels sont tout à fait hors de proportion avec cet effectif. Pour ne pas être gêné par la Commission de Contrôle, on a masqué les crédits destinés aux achats sous le titre „entretien et conservation du matériel", ce qui fit, que cet „entretien" figurait pour des sommes vraiment invraisemblables. Ainsi, depuis 1925 jusqu'à 1928, la seule conservation en état des fusils a coûté censément 24.447.861 RM. La vérité est que l'entretien d'un fusil coûte environ 10% de son prix d'achat. La somme qui a été nécessaire n'a été, par conséquent, que de 2.400.000 RM. et l'excédent suffit à acheter environ 150.000 fusils nouveaux, sans qu'il fût besoin d'en faire mention au budget, en plus de ceux dont l'achat est officiellement prévu.

Dans le même laps de temps, l'entretien des mitrailleuses a demandé plus de 31.000.000 RM. En défalquant le coût réel de cet entretien, on constate un excédent qui permet l'achat de 8.000 mitrailleuses nouvelles. Ainsi, l'Allemagne augmente annuellement sa réserve de mitrailleuses de 2.000 pièces, sans compter celles qui figurent au budget.

Il en est de même des canons, des lance-mines, des munitions. Attendu que la formation de stocks de matériel de guerre est, de plus, poursuivie avec méthode par d'autres moyens, on peut conclure, sans se tromper, que depuis 1924 l'Allemagne a déjà réuni un armement suffisant pour *une armée de plusieurs millions d'hommes.*

Quant à la marine, une part très forte de ces dépenses est causée par la construction de nouvelles unités navales et par leur armement. On est en droit d'affirmer que, depuis 1924, l'Allemagne est en voie de se refaire une marine de guerre qui ne cédera pas en puissance à celle de l'Allemagne impériale. Le programme naval prévoit la construction jusqu'en 1930-1931 d'un vaisseau de ligne, de 5 croiseurs, de 12 contre-torpilleurs, et d'un torpilleur. La moitié de ces bâtiments a été terminée et livrée.

La discussion a été vive en Allemagne au sujet de la première tranche des crédits destinés à la construction du cuirassé. La dépense totale doit être de 70 à 80 millions. Comme, avant 1943, trois autres cuirassés doivent être encore mis en chantier et terminés, la dépense sera de plus de 300 millions.

Le général Groener, Ministre de la Guerre, a fait valoir comme argument principal en faveur de la construction de ce cuirassé, que la Pologne était en train de construire un port qui menaçait de faire concurrence à celui de Kiel. La mission du cuirassé serait avant tout de venir en aide à la Prusse Orientale qui est séparée du reste de l'Allemagne par la Poméranie polonaise.

Considérons encore que les nouveaux croiseurs allemands seront les unités les plus puissantes qui existent de leur tonnage. Ainsi la reconstitution de la flotte allemande de guerre est en train de devenir un fait.

La construction de bâtiments de guerre nouveaux a coûté plus de 225 millions RM. pendant la période 1924 — 1929.

Voyons maintenant les fonds de caractère militaire ou quasi - militaire, qui sont masqués dans d'autres budgets que celui de la guerre. Ce sont:

Dans le budget du Ministère de l'Intérieur environ 8.700.000.

Dans le budget du Ministère des Communications 67.378.000.

Cette somme embrasse les subventions à l'aviation civile, le *Reichswasserschutz* ou Protection des Eaux du Reich, la construction des voies ferrées stratégiques, l'administration financière générale.

Ajoutons:

Entretien de la Schutzpolizei	190.000.000
Subventions à l'industrie de guerre	10.000.000

On constate, qu'en plus du budget régulier destiné à l'entretien de sa force armée, l'Allemagne dispose d'un budget de guerre masqué qui est de 275.000.000 RM, au moins car il paraît fort probable qu'une partie des fonds affectés aux pensions et retraites soit employée à renforcer la défense nationale. En effet, il est remarquable que ces fonds augmentent chaque année dans une proportion considérable, bien que le nombre des invalides de la guerre décroisse par la force des choses et que les orphelins atteignent la majorité et cessent d'avoir droit aux secours.

Ces fonds étaient en 1927 de	1.465.823.000 RM
" " " " 1928 de	1..780.397.000 "
Augmentation depuis l'année dernière	314.574.000 RM

Le Traité de Versailles a interdit à l'Allemagne d'avoir une aviation militaire. L'aviation étant destinée à jouer un rôle prépondérant dans les conflits futurs, l'Allemagne a tourné l'obstacle en mettant sur pied une puissante aviation civile qu'elle subventionne largement et en ecourageant l'industrie de construction d'appareils.

Les dépenses qu'entraîne cette politique, augmentent sans cesse. Elles étaient:

en 1925 de 24.625.000 RM.
„ 1926 „ 27.520.000 „
„ 1927 „ 42.850.000 „
„ 1928 „ 58.984.394 „

ce qui est une somme vraiment énorme.

Pour finir, comparons le budget militaire de la Pologne à celui de l'Allemagne. Ce qui frappe de suite, c'est qu'à l'encontre du budget allemand, il diminue constamment depuis 1924. Voici les chiffres après conversion des zlotys et des RM. en francs suisses:

ANNEE	POLOGNE		ALLEMAGNE	
	Francs suisses	Augmentation ou diminut. en %	Francs suisses	Augmentation ou diminut. en %
1924	701.487.076	—	570.439.407	—
1925	650.605.657	— 7,82%	702.246.350	+ 23,11%
1926	446.730.851	- 45,54%	845.578.195	+ 20,42%
1927	487.464.109	+ 9,12%	863 260.455	+ 2,09%
1928	441.276.330	— 10,87%	872.162.617	+ 1,03%
Total des dépenses alimentaires depuis 1924 jusqu'en 1928	2.727.554.007	—	3.853.685.398	—
Différences entre les dépenses en 1924 et 1928	—260.210.736	— 37,09%	+301.722.616	+ 52,89%

Le contraste apparaîtra plus marqué encore lorsqu'on mettra en regard les sommes dépensées annuellement par tête de militaire en Pologne et en Allemagne.

Chaque militaire coûte en Pologne à l'Etat 2.780 zł. soit 1.814 frs. 40 centimes suisses par an.

Chaque militaire coûte en Allemagne à l'Etat 12.366 zł. soit 7.181 frs. suisses par an.

La comparaison ci-dessus met en pleine lumière les tendances différentes des deux nations. Les conclusions qu'on est obligé d'en tirer devraient attirer l'attention de ceux qui travaillent à assurer la paix du monde.

JOSEPH DWERNICKI
SECRETAIRE GENERAL.

Chronique parlementaire.

27 mars 1928 — 16 janvier 1929.

Les élections à la Diète et au Sénat de la République Polonaise, qui ont eu lieu les 4 et 11 mars 1928, ont apporté des changements importants dans le groupement des forces et des partis politiques représentés dans les deux Chambres législatives. Si nous divisons les partis représentés au parlement polonais en trois groupes généraux: droite, gauche et centre, et si nous envisageons les changements intervenus dans la répartition des sièges entre ces trois groupes *), ce qui frappe, avant tout, c'est d'abord la perte d'un grand nombre de sièges par

---

	1922/27	1928
Droite (Parti national)	120	37
Centre (Parti Populiste, Piast, Démocrates chrétiens, Parti National Ouvrier)	111	58
Gauche (Parti Populiste de la Libération, Parti Paysan)	55	69
Parti Socialiste Polonais	41	63

la droite et le centre, ensuite un certain renforcement de la gauche et enfin le maintien du statu quo chez les minorités nationales. D'autre part, apparaît sur la scène un nouveau facteur représenté par le grand groupe des députés du Bloc Gouvernemental. Créé non pas sur la base d'un programme politique uniforme, mais bien sur la base de la confiance de ses différents membres dans la personne du maréchal Piłsudski et de son ministère, le Bloc a été fondé avec l'appui du gouvernement, dans le but de soutenir celui-ci dans toute son action politique.

Ce groupement créé par des hommes de l'entourage du maréchal Piłsudski et composé de représentants des tendances politiques les plus diverses, depuis les conservateurs monarchistes jusqu'aux groupes paysans et ouvriers, avec comme noyau central les anciens Légionnaires, constitue à la Diète un facteur politique que l'on peut considérer comme faisant partie du centre. Tout en soutenant le gouvernement dans tous ses projets et tous ses travaux, le Bloc vote tantôt avec la droite tantôt avec la gauche et évite de s'engager nettement dans telle ou telle de ces deux directions.

Conformément à la Constitution et aux dispositions de la loi électorale, le Parlement a été ouvert le 27 mars 1928 par le maréchal Piłsudski, président du Conseil, au nom du Président de la République dont il a lu le décret d'ouver-

---

Communistes	6	7
Minorités	76	81
Bloc de Coopération avec le Gouvernement	—	122

ture. En présence de l'attitude provocante de plusieurs députés communistes pendant cette lecture, le gouvernement, estimant que la Diète n'était pas formellement ouverte et que son bureau n'était pas encore constitué, fit expulser les manifestants par la police. Le doyen d'âge, ayant ensuite occupé le fauteuil présidentiel, les députés prêtèrent serment entre ses mains, après quoi l'on procéda à l'élection du maréchal (président) de la Diète. M. Ignace Daszynski, fondateur et membre du Parti Socialiste Polonais, ancien député au parlement autrichien puis à la Diète polonaise, homme politique et orateur éminent, l'emporta sur le candidat du Bloc Gouvernemental M. Casimir Bartel, vice-président du Conseil.

A la séance suivante, le gouvernement déposa le projet de douzièmes provisoires pour la période du 1 avril au 30 juin 1928 et le projet de budget pour l'année 1928—1929 (1 avril—31 mars). Il faut remarquer ici que, par suite de la dissolution du parlement à l'expiration de la période constitutionnelle de 5 ans en novembre 1927, le gouvernement n'avait pas été en mesure d'obtenir le vote du budget dans les délais fixés par la constitution. Celle-ci prévoit, en effet, que la session budgétaire doit durer du 31 octobre au 1 avril, ç. à. d. 5 mois. Le gouvernement avait donc été obligé de déposer un projet de douzièmes provisoires pour trois mois, avant le vote du budget par la Diète. Disposant seulement d'un délai de trois jours, la Diète vota les douzièmes provisoires avant le 1 avril et les renvoya au Sénat, puis aborda immédiatement la discussion du budget.

Conformément à l'art. 44 paragraphe 5 de la Constitution, le gouvernement déposa à la Diète 276 décrets-lois du Président de la République, promulgués dans l'intervalle entre les deux législatures. Un de ces décrets visant la réforme du régime judiciaire créa, comme nous le verrons plus loin, certains malentendus.

Le 14 mai, le gouvernement déposa à la Diète 3 projets de loi d'impôts relatifs:

1) à l'impôt permanent sur les biens acquis,

2) à la péréquation de l'impôt foncier,

3) à l'impôt d'Etat sur les bâtiments dans les communes rurales.

Ces projets gouvernementaux tendant à augmenter les charges publiques provoquèrent un certain mécontentement et de très vives discussions, aussi bien dans les couloirs du Parlement que dans la presse d'opposition. A la suite de débats très animés et même agités, la Diète rejeta les projets du gouvernement en première lecture, sans même les renvoyer à la Commission ; la majorité comprenait la gauche, le centre et les minorités nationales.

Le 29 mai 1928, la Diète aborda la seconde lecture du budget en séance plénière sur la base du rapport de la Commission du Budget. Remarquons que le dépôt et le vote du budget s'effectue au Parlement polonais de la manière suivante:

L'art. 25 de la Constitution stipule que le Président de la République convoque, ouvre, proroge et clôt la Diète et le Sénat.

La Diète doit être convoquée, pour sa première séance, le troisième mardi après les élections et, chaque année, en octobre au plus tard, pour sa session ordinaire.

Le Président de la République peut, de sa propre autorité convoquer à tout moment la Diète pour une session extraordinaire et il doit le faire, dans les quinze jours, sur la demande d'un tiers de l'ensemble des députés.

La Constitution cite les autres cas où la Diète peut être convoquée pour une session extraordinaire.

La prorogation exige le consentement de la Diète, si elle est répétée au cours de la même session ordinaire ou bien si la vacance doit durer plus de 30 jours.

Le gouvernement dépose, au cours de la session de la Diète, le projet de budget avec les annexes (art. 4), 5 mois au plus tard avant le commencement de l'année budgétaire suivante. Une fois le projet de budget déposé, la session de la Diète ne peut être clôse avant que le budget ne soit voté ou que les délais prévus par le présent article ne soient écoulés.

Si 3 mois ½, au plus tard, à partir du jour où le projet de budget a été déposé par le gouvernement, la Diète ne l'a pas voté, le Sénat en aborde l'examen.

Si, dans le courant de 30 jours, le Sénat ne renvoie pas à la Diète le budget voté par lui avec les amendements éventuels, il est considéré comme n'ayant élevé aucune objection contre le projet (art. 35. § 1).

Si, au cours de 15 jours après la réception du budget amendé par le Sénat, la Diète ne prend aucune décision (art. 35, § 2), les amendements du Sénat sont considérés comme adoptés. Le Président de la République promulgue le budget comme loi dans la teneur:

a) adoptée par la Diète, si celle-ci et le

Sénat ont examiné le budget dans les délais déterminés et si la Diète a adopté ou rejeté les amendements du Sénat (art. 35, § 3),

b) adoptée par la Diète ou le Sénat, si l'une des deux Chambres, seule, a voté le budget dans le délai déterminé,

c) du projet du gouvernement, si ni la Diète ni le Sénat n'ont pris de décision dans les délais déterminés.

Les dispositions du paragraphe précédent du présent article ne s'appliquent pas si la Diète rejette en entier le projet de budget déposé par le gouvernement.

Si, la Diète étant dissoute, le budget pour l'année budgétaire donnée ou au moins les douzièmes provisoires pour la période allant jusqu'à la réunion de la nouvelle Diète, ne sont pas votés, le gouvernement est en droit de procéder aux dépenses et de percevoir les recettes dans les limites du budget de l'année précédente, jusqu'au moment où la Diète et le Sénat voteront les douzièmes provisoires que la gouvernement est tenu de déposer à la Diète à la première séance après les élections.

Si, la Diète étant dissoute, la loi sur le recrutement de l'armée n'est pas votée, le gouvernement est en droit de procéder au recrutement, dans les limites du contingent voté par la Diète pour l'année précédente".

Vingt-deux orateurs prirent part à la dissuccion générale. L'ensemble des débats prit treize séance plénières, y-compris la troisième lecture.

Le budget qui, le 13 juin, prévoyait 2.503.902.029 zlotys de dépenses ordinaires et extraordinaires et 2.523.757.509 zlotys de recettes provenant des impôts, entreprises d'Etat et monopoles, fut modifié en troisième lecture le 15 juin, comme il suit:

dépenses	2.508.392.029
récettes	2.528.247.509

218 députés votèrent pour le budget, *54* contre.

Ainsi voté par la Diète le budget fut renvoyé au Sénat.

Tenant compte de la brièveté du délai de quinze jours qui la séparait du terme des douzièmes provisoires, de la nécessité éventuelle de nouveaux douzièmes et des inconvénients d'une situation *„ex lex"*, la Commission du budget du Sénat n'avait pas attendu le vote de la Diète pour commencer la discussion des projets de budgets des différents ministères. Le Sénat élabora, au cours de ses délibérations, toute une série d'amendements tendant à rétablir les chiffres qui figuraient dans le projet présenté par le gouvernement.

Le gouvernement, se rendant compte que pour faire accepter par la Diète les changements introduits par le Sénat, il pourrait ne pas trouver la majorité requise par l'art. 35 de la Constitution, et voyant l'inutilité de ces délibérations, recommanda au Sénat par la bouche du maréchal Piłsudski, président du Conseil, d'accepter le budget tel qu'il avait été voté par la Diète. De la sorte, tous les amendements proposés au Sénat par le Bloc Gouvernemental furent retirés au dernier moment et le budget voté après deux jours de délibérations, le 23 juin. Le même jour, le gouvernement prononça la clôture de la session des deux chambres, à la grande surprise de ces dernières. La surprise fut d'autant plus grande que l'ordre du jour de la Diète comprenait, entre autres, des projets dont le vote avait été demandé par le gouvernement et qu'on s'attendait, en général, à ce que la session durât jusqu'au 1 juillet.

Dans le tableau que nous venons de tracer de la Diète actuelle, nous avons omis de faire remarquer que cette Diète a, en vertu de l'art. 125 de la constitution du 17 mars 1921, le droit de reviser cette constitution sans consulter le Sénat. Les législateurs de 1921, se rendant compte des imperfections de leur oeuvre, ont prévu que la constitution pourrait être révisée tous les 25 ans et, par exception, ils conférèrent le droit de revision à la deuxième Diète succédant à la Constituante.

Aussi, au cours de la campagne électorale, le Bloc Gouvernemental plaça-t-il le changement de la constitution au premier plan de ses revendications. Profitant des tendances de l'opinion publique, que les défauts du système parlementaire incitait à voir dans un changement du régime existant le seul moyen d'améliorer la situation, le Bloc réussit, comme l'on sait, à faire élire un très grand nombre de ses adhérents.

Le vote rapide du budget et la clôture hâtive de la session de printemps empêchèrent toute discussion sur les problèmes constitutionnels. D'autre part, les vacances parlementaires, exceptionnellement longues — elles durèrent près de quatre mois — permirent aux partis gouvernementaux de travailler l'opinion publique dans le sens d'une revision de la constitution. Mais, les représentants du Bloc, tout en menant une active propagande, ne formulaient aucun projet concret. Parmi les conservateurs du Bloc, des échanges de vues eurent lieu, en cette matière, au cours du mois d'août, mais elles n'aboutirent à aucun résultat positif, bien que plusieurs projets eussent été élaborés.

Au mois de juillet, le gouvernement du maréchal Piłsudski démissiona. La présidence du Conseil échut à M. Bartel, jusqu'ici vice-président du Conseil. Seuls, deux ministres quittèrent le cabinet: M. M. Romocki et Dobrucki qui furent remplacés par M. M. Kühn (Communications) et Switalski (Instruction Publique). Tous les autres ministres gardèrent leurs portefeuilles.

Conformément à l'art. 25 de la Constitution, la Diète fut convoquée pour sa session budgétaire le 31 octobre. La session s'ouvrit par un discours du ministre des finances qui déposa le projet de budget pour 1929/30. Ainsi commença la deuxième session budgétaire de l'année. Le projet prévoyait pour les dépenses 2.802.000.000 zl., pour les recettes 2.809.000.000 zlotys.

La discussion fut très vive au cours de la première lecture. Le budget fut renvoyé à la Commission, d'où il revint en séance plénière de la Diète le 30 janvier.

Le 10 novembre les deux Chambres commémorèrent le dixième anniversaire de l'Indépendance de la Pologne par des séances solennelles, au cours desquelles les deux maréchaux (présidents) prononcèrent des allocutions patriotiques.

Le 14 novembre le gouvernement déposa de nouveau les projets de lois sur les impôts rejetés au printemps, à savoir les lois: 1) sur l'augmentation et la péréquation des taux de l'impôt foncier, 2) sur l'autorisation à donner au ministre des finances de diminuer l'impôt industriel, 3) sur la modification de l'impôt sur les locaux, 4) sur l'impôt permanent sur les biens acquis.

Cette fois, ces projets furent renvoyés sans discussion à la Commission, où ils sont encore en ce moment. Il y a lieu de supposer qu'ils ne seront discutés par les Chambres qu'après le vote du budget.

Dans la même période, également, le Bloc Gouvernemental déposa une motion invitant la Diète à aborder la revision de la constitution. Cette motion, de caractère purement formel, visait à charger la Commission Constitutionnelle de l'examen du texte de la constitution en vigueur et non de la discussion d'aucun projet d'amendement venant soit du gouvernement soit des groupes parlementaires. En l'absence de tout projet concret, la Commission délibéra assez longuement sur la motion du Bloc qui ne rencontra l'appui d'aucun parti, en dehors de ses auteurs.

Dans son rapport à la Diète présenté le 16 janvier, la Commission déclare que le changement de la Constitution ne peut s'accomplir que „sur la base de motions visant à des modifications concrètes des dispositions de la loi constitutionnelle, présentées par le gouvernement ou par les députés".

Le premier paragraphe du rapport de la Commission est relatif à la décision de la Diète d'aborder la revision, le troisième concerne les conditions dans lesquelles les propositions d'amendement doivent être présentées.

Suivant le paragraphe 2 de l'art. 125 de la constitution, ces propositions doivent réunir les ¾ des députés ç. à. d. 111 signatures.

En même temps, la Commission du Règlement complèta le rapport de la Commission Constitutionnelle, en proposant l'adoption de plusieurs articles sur le règlement des débats. Ces articles furent votés à l'unanimité en même temps que la résolution sur la revision de la constitution.

Cette décision de la Diète relative à la révision de la constitution n'est qu'une formalité. Le déclenchement du mécanisme de revision est rendu difficile par le fait que toute motion y visant doit être revêtue de 111 signatures.

C'est un chiffre que la plupart de nos groupes parlementaires peuvent difficilement atteindre. Seuls, le gouvernement, le Bloc Gouvernemental ou le bloc des Gauches pourraient pratiquement présenter une proposition de revision. La droite et le centre ne disposeraient pas du nombre de voix nécessaire; aussi, ces deux groupes ont-ils voté contre cette disposition du nouveau règlement.

Au moment où nous publions ce cahier le Bloc Gouvernemental dépose justement sa motion concernant le changement de la constitution.

L'approche de la date de la mise en vigueur du décret-loi sur la réforme du régime des tribunaux a provoqué, vers la fin de novembre, des débats très animés à la Commission Juridique.

Celle-ci adopta une motion prorogeant d'une année la mise en vigueur du décret, c'est-à-dire jusqu'au 1 janvier 1930. La disposition du décret qui souleva les plus grandes critiques fut celle qui suspend pour un an l'inamovibilité des juges. La motion adoptée par la Commission fut votée, en troisième lecture, par la Diète le 19 décembre, contre l'avis du Gouvernement et les voix du Bloc Gouvernemental. Le décret renvoyé devant le Sénat n'y fut pas discuté avant les vacances de Noël. Le nouveau ministre de la Justice, M. Car, précédemment sous-secrétaire d'Etat, qui avait été l'un des initiateurs et des auteurs du décret, en décida la mise en vigueur le 1 janvier 1929.

L'activité accrûe de la Commission du Budget au mois de janvier complête le tableau que nous venons de tracer des travaux de la Diète au cours de ces dernières semaines. Ce tableau serait incomplet, si nous ne rappelions que la politique internationale a donné deux fois l'occasion au Ministre des Affaires Etrangères de parler devant les Commissions des Affaires étrangères de la Diète et du Sénat, en mai 1928 et en janvier 1929. Un projet de résolution présenté par le Parti National sur la sécurité et la paix, auquel la Gauche doit opposer un contre-projet, fera, sous peu, l'objet des délibérations de la Diète et donnera certainement lieu à des débats importants, surtout à la suite de la récente publication du mémoire du ministre allemand Groener. Enfin, rappelons que la Diète et le Sénat ont ratifié plusieurs conventions internationales.

Les débats de la Diète polonaise sur la motion relative à l'organisation de la paix et de la sécurité.

En novembre dernier, le député Stronski déposa à la Diète, au nom de plusieurs groupes de la droite et du centre (Groupe National, Parti Populiste Piast, Groupe Chrétien - Démocrate) une motion relative aux garanties de sécurité. En janvier, le député Gralinski déposa, de son côté, au nom du groupe parlementaire du Parti Populiste de la Libération, une autre motion concernant le même problème. Cette motion avait reçu, auparavant, l'approbation des autres partis de gauche. La Diète vota une résolution qui réunit les deux motions. Le second alinéa de la résolution de son dernier passage commençant par les mots: „de même que la mise en oeuvre de tous les autres moyens efficaces..." proviennent de la motion de la droite et du centre. Les autres alinéas forment le fond de la motion du député Gralinski.

Voici le texte de la motion:

„Constatant que le but de la politique étrangère de l'Etat polonais consiste à assurer la paix et la sécurité sur la base du respect du droit, des traités et de l'intégrité des frontières par les moyens de l'arbitrage, des sanctions et du désarmement; que les garanties particulières de sécurité prises par certains Etats pour la paix générale ne sont actuellemnt pas suffisantes et que le pacte Kollogg, qui constitue un progrès important dans les questions de la condamnation de la guerre et de la garantie de la paix, ne prévoit pourtant pas de sanctions en cas de violation de ses stipulations; que la sécurité de tous les Etats, indépendamment de leur étendue, de leur influence et de leur situation géographique — surtout en ce qui concerne tous les membres de la S. d. N. — devrait être assurée au même degré.

considérant: 1. que quoique l'évacuation de la Rhénanie puisse accélérer la clôture de la période d'après-guerre en Europe, en contribuant à la normalisation des relations internationales, la liquidation de la période actuelle par l'évacuation anticipée de la Rhénanie devrait trouver un équivalent de sécurité réelle;

2. que l'absence de sécurité générale est ressenti tout particulièrement par l'Etat polonais en présence de certains faits symptomatiques tels que, lors de la discussion relative aux croiseurs-cuirassés des 15 et 16 novembre au Reichstag, les déclarations du ministre de la Reichswehr, général Groener, et des représentants de plusieurs partis, qui ont prouvé que ces armements de l'Allemagne sont également dirigés vers l'est et principalement contre la Pologne; et aussi aux séances des 19 et 20 novembre, à l'occasion de l'exposé de M. Stresemann, les allusions des orateurs de certains partis à des modifications de la frontière polono-allemande;

la Diète recommande au gouvernement d'entreprendre, en connexion avec les négociations relatives à une évacuation anticipée de la Rhénanie, une action en vue de l'accroissement des garanties de la sécurité générale et de la sécurité de la Pologne, notamment par la mise en vigueur générale et accélérée du pacte Kellogg, l'incorporation de ses stipulations au pacte de la S. d. N. invitant les Etats membres à conclure des acords internationaux élaborés par le Comité d'Arbitrage et de Sécurité, ce qui aurait pour effet de contribuer à la réalisation des principes du protocole de Genève;

de même, la Diète recommande d'entreprendre l'action nécessaire afin que soient créées vis-à-vis de la liquidation de l'occupation des garanties suffisantes de sécurité, conformément aux art. 429 et 431 du traité de Versailles".

Les partis de la droite et du centre votèrent pour l'ensemble de la résolution. Le parti de la Libération et le Parti Paysan votèrent seulement pour l'alinéa 2. Le Parti Socialiste vota contre les alinéas 1 et 2 et contre le dernier passage cité plus haut.

La commission désigna comme rapporteur M. Stronski.

DISCOURS DE M. STANISLAS STRONSKI

(groupe National) à la séance de la Diète du 6 février 1929.

Messieurs,

En ma qualité de rapporteur de la Commission des Affaires Etrangères, j'ai l'honneur de prier la Chambre de voter le projet de résolution qui vous a été distribué et qui concerne les garanties de la paix.

Les 15 et 16 novembre de l'année dernière, le Reichstag allemand délibéra sur la construction du croiseur-cuirassé. Ce navire devait coûter alors environ 80 millions de marks; aujourd'hui, on évalue la dépense à 100 millions; or, comme on a annoncé la construction de quatre navires du même genre, la somme totale atteindra 400 millions de marks, c'est-à-dire environ 1 millard de zlotys. Considérant l'importance de cette dépense le groupe socialiste du Reichstag déposa une motion tendant à l'abandon de la construction déjà commencée du croiseur-cuirassé.

Ce qui nous a frappé dans la discussion des 15 et 16 novembre 1928, c'est qu'on y a trop parlé de la Pologne.

Le député socialiste Wels, défendant la motion de son parti contre la construction du cuirassé, s'exprima en ces termes:

„On parle de la liberté des voies maritimes conduisant en Prusse Orientale. Je trouve que cet argument n'est qu'un bourrage de crânes de la pire espèce. Si, en effet, on vise la Pologne, il ne faut pas oublier que ce pays possède des avions et des sous-marins dont nous sommes nous-mêmes privés".

Le député Treviramus du groupe des Deutschnationale déclara:

„Si nous ne construisons pas le cuirassé, on estimera en Prusse Orientale que nous considérons cette province comme un appendice de l'Allemagne. Donnons la preuve que nous ne voulons pas abandonner la Prusse Orientale et que nous ne la considérons pas comme une île. La Prusse Orientale est le premier et le dernier rempart de notre avenir".

Le général Groener, Ministre de la Reichswehr, prit la parole à son tour et dit entre autres:

„Je passe à la question du maintien de la liberté de la Baltique. Il ne s'agit pas du cas où l'une des grandes puissances serait en jeu; mais il peut y avoir des conflits auxquels les grandes puissances ne participeraient pas pour le moment... Il s'agit d'une attaque contre le territoire de la Prusse Orientale ou de la nécessité de maintenir notre neutralité... Pendant la guerre entre la Russie et la Pologne, seul un hasard bienfaisant nous a protégé contre une extension des hostilités sur notre territoire... Si nous voulions parler plus en détail de ces problèmes, cela nous entraînerait trop loin et nous amènerait à toucher des questions politiques épineuses. Mais, je suis prêt à donner à chaque député qui le désire les éclaircissements nécessaire".

On savait que de tels éclaircissements pouvaient être donnés puisque au commencement de cette même séance du Reichstag, une motion avait été déposée invitant le Gouvernement à porter à la connaissance du parlement un mémoire confidentiel qui avait été présenté aux ministres. Cela prouvait que l'existence du mémoire était connue et qu'on n'en faisait pas un grand secret.

Finalement, la proposition socialiste, appuyée par les communistes, fut repoussée par 257 voix contre 202 et... la construction du cuirassé continue.

Voilà tout ce que nous avait appris la discussion des 15 et 16 novembre et pourtant, cela suffisait à nous faire estimer que la Pologne avait été trop nettement visée.

Le 15 janvier 1929, la „Review of Reviews" anglaise éditée par M. Wickham Steed, fit paraître in extenso le mémoire du général Groener. Nous en avons donc aujourd'hui deux éditions: une petite édition du Reichstag et une grande édition complète dans le cahier bleu de la „Review of Reviews". Cela nous rappelle ces éditions destinées à la jeunesse dont on expurge les passages scabreux qu'on laisse subsister dans les éditions pour adultes. L'édition pour la jeunesse a été présentée au Reichstag l'édition pour adultes, c'est le mémoire secret, connu aujourd'hui par le monde entier.

Je pense qu'il sera fort instructif d'examiner très brièvement quelles sont les différences entre l'édition abregée et l'édition complète.

L'introduction, dans laquelle on dit que la flotte est nécessaire à l'Allemagne et qu'on ne peut la remplacer par l'armée de terre, parce que celle-ci est limitée par les traités, cette introduction est à peu près la même dans les deux éditions.

Après vient l'exposé dans lequel deux éventualités sont prises en considération: l'attaque contre l'Allemagne et la nécessité de la défense de la neutralité allemande.

Dans l'édition abrégée, on parle peu de la première éventualité. On se borne à remarquer qu'une invasion du territoire allemande dans le genre des faits accomplis de l'époque d'après - guerre est possible, mais qu'il vaut mieux ne pas développer ce thème délicat.

Dans l'édition complète, on parle de la même question plus en détail. On rappelle les coups de main sur Fiume, Wilno et Memel. On affirme que l'attitude de la Pologne prouve qu'une attaque de ce côté est possible, que la Pologne a faim de territoires en Prusse Orientale, qu'elle construit sur sa frontière une digue économique et financière, qu'elle entretient, de plus, tout un réseau de sociétés de gymnastique et qu'enfin elle a organisé dans la région des Cassoubes (zone côtière) des manoeuvres qui en disent long.

La deuxième éventualité, c'est-à-dire la défense de la neutralité allemande, est traitée dans l'édition abrégée de la façon suivante: après le traité de Versailles, les frontières des Etats sont des plaies ouvertes; en outre, à l'intérieur des Etats, il y a des crises qui peuvent provoquer des conflits. En 1920, pendant la guerre entre la Russie et la Pologne, seul le hasard a empêché la guerre de s'étendre en territoire allemand. Il peut facilement arriver que le peuple allemand, comptant 60 millions d'individus, soit entraîné dans une guerre.

Dans l'édition complète, on répète d'abord ce qui vient d'être dit (plaies ouvertes, crises intérieures, guerre polono-russe en 1920 et possibilité de guerre), puis on rappelle quelles sont les tensions qui existent en Europe: tensions entre la Tchécoslovaquie et l'Italie, entre l'Italie et la Yougoslavie, entre la Pologne et la Lithuanie soutenue par la Russie. Il y a une tension entre l'Angleterre et la Russie et, suivant les dernières informations, le résultat de l'accord naval anglo-français serait de créer un groupement Angleterre-France opposé aux Etats-Unis et aux autres Etats. Les conflits sont, par conséquent, possibles et il est également possible que l'Allemagne soit forcée de défendre par les armes sa neutralité. Il faut prévoir cette éventualité avec le plus grand soin. L'Allemagne ne doit prendre part à un conflit armé qu'au cas où elle aura des chances de succès. Si ces chances n'existent pas, aucune personne responsable n'exposera la nation à des sacrifices sanglants et à un retour au chaos. Si des chances de succès existent, plus l'Allemagne sera forte, plus il lui sera facile de remporter un succès.

Les deux éditions examinent ensuite la tâche qui découle de ces deux éventualités.

Dans le premier cas (invasion du territoire allemand) l'édition abrégée prévoit que la tâche de la flotte consistera: 1) à protéger les transport maritimes; 2) à prendre part aux opérations sur les côtes; 3) à couvrir les forces terrestres dans la zone côtière.

Dans l'édition complète on raisonne autrement. Le danger principal de l'invasion de l'Allemagne, c'est l'invasion de la Prusse Orientale. Dans cette éventualité, la Pologne sera plus forte que l'Allemagne, car elle a dans la région frontière 4 divisions contre une division allemande et elle peut facilement augmenter ses forces. L'Allemagne ne disposera pas de forces suffisantes pour se frayer un chemin à travers le „corridor". Ainsi donc, la Prusse Orientale sera très rapidement coupée de l'Empire. D'où, la triple tâche de la flotte: protection des transports, intervention dans les opérations côtières et couverture des forces terrestres dans la zone côtière.

Dans le second cas (défense de la neutralité) l'édition abrégée dit seulement que la tâche de la flotte consistera à défendre les côtés et les ports allemands contre une violation de la neutralité.

L'édition complète dit la même chose, mais elle prévoit que pour protéger la neutralité, il faudra intervenir par les armes et, ainsi, la tâche à remplir sera la même qu'en cas d'invasion. Elle sera même plus étendue, car la flotte devra empêcher les transports de matières premières de Scandinavie. Il est, en outre, possible que d'autres Etats riverains de la Baltique se rangent aux côtés de la Pologne, ce qui nécessiterait l'intervention de forces supérieures; enfin, la mer Baltique peut devenir le théâtre d'un conflit entre la Pologne et la Russie et les Etats baltes, et alors le maintien de la neutralité nécessiterait des forces beaucoup plus importantes.

L'édition abrégée ajoute encore qu'il faut remplacer le matériel naval vieilli par un matériel moderne.

L'édition complète s'étend davantage sur ce sujet: la flotte allemande ne remplira sa mission que si elle peut régner sur la Baltique contre la Pologne. Aujourd'hui, la flotte allemande domine réellement dans la Baltique, mais la Pologne augmente ses forces maritimes et il faut en tenir compte. De plus, il existe un accord militaire secret entre la Pologne et la France, accord qui nous est connu ici à Berlin et en vertu duquel la France doit, en cas de conflit, envoyer à la Pologne une escadre de croiseurs et d'unités légères, qui naviguera peut-être au commencement sous pavillon polonais. Une telle coopération donnerait, dès aujourd'hui, la supériorité à la Pologne. Aussi, le renforcement de la flotte allemande est-il indispensable.

J'ajouterai ici, par parenthèse, que ce passage du mémoire relatif à l'accord secret franco-polonais a provoqué le mois dernier en Allemagne, de grands cris, comme si s'était quelque chose de nouveau et d'inouï. Or, tout le monde sait que le 6 février 1921, un traité d'alliance a été conclu entre la Pologne et la France. Ce traité a été completé le 19 février, en présense du ministre des Affaires étrangères d'alors, le prince Sapieha, et le général Sosnkowski, par une convention militaire. On savait depuis cette époque que le traité d'alliance était lié à une convention militaire, de sorte que la seule chose nouvelle que le mémoire nous ait appris, c'est que cette convention secrète est connue à Berlin.

Le deuxième point de la conclusion du mémoire est commun aux deux éditions. On y dit que les croiseurs-cuirassés sont des unités de combat propres à repousser aussi bien une flotte qu'une attaque de sous - marins et cela parce que, comme l'ajoute l'édition complète, la profondeur de la Baltique ne permet pas toujours d'employer des sous-marins, qu'une partie des transports peut s'effectuer de jour, c'est-à-dire quand les sous-marins sont empêchés d'agir et qu'enfin l'expérience de la grande guerre nous a appris que la défense contre les sous-marins a pris un développement plus grand que l'action des sous-marins elle-même.

Le troisième point de la conclusion ne figure que dans l'édition complète. La France se borne dans sa convention avec la Pologne, à promettre à celle-ci des unités légères, car elle a besoin de ses grands navires dans la Méditerranée. Aujourd'hui après l'accord naval franco-anglais, cela pourrait changer, mais vraisemblablement, cela ne changera pas. Il s'en suit que la Pologne ne peut compter que sur des unités légères. Or, les puissants croiseurs du type construit par l'Allemagne auront la supériorité sur les autres. Conclusion: la flotte allemande dominera dans la Baltique contre la Pologne et, en cas d'action contre d'autres pays que la Pologne, tout dépendra de la supériorité de l'entrainement de la flotte allemande sur celui des autres flottes.

La dernière partie de la conclusion est commune aux deux éditions; elle rappelle que la construction du ciurassé est très utile parce qu'elle donne du travail aux ouvriers.

Essayons maintenant de tirer brièvement les conclusions les plus générales de l'analyse du discours du ministre de la Reichswehr et de son mémoire secret.

Et tout d'abord, à qui s'adresse t-il? Il parle à ceux qu'il faut convaincre de la nécessité de la construction du cuirassé et qui, étant animés de dispositions pacifiques, s'opposent à cette construction. Que doit-il dire?... Leur dira t-il: les cuirassés nous sont nécessaires pour pouvoir attaquer la Pologne?... Non. Il peut leur dire seulement: la Pologne veut nous attaquer. Où donc cette

Pologne attaquera-t-elle?.. Le „corridor" et la partie polonaise de la Haute-Silésie sont hors de cause, parce que la Pologne possède déjà ces deux régions. Où donc attaquera-t-elle alors? En Prusse Orientale. Quels sont les indices? Ici, la tâche du ministre Groener est très aisée, car il sait fort bien quelles sont les preuves du désir qu'ont les Allemands d'attaquer la Pologne. Il sait que ce sont les Allemands qui construisent sur la frontière un rempart économique et financier. Aussi déclare-t-il, que c'est la Pologne qui élève ces remparts, bien que personne n'y songe chez nous. Il sait, d'autre part, qu'il y a dans son pays des organisations militaires comme le Stahlhelm; aussi, déclare-t-il que la Pologne organise des sociétés de gymnastique. Ainsi, par une simple transposition de ce qui se passe en Allemagne, il fait croire que c'est la Pologne qui songe à attaquer la Prusse Orientale.

Le général Groener se donne ensuite beaucoup de peine pour chercher dans quelle occasion l'Allemagne serait obligée d'intervenir militairement pour la défense de sa neutralité. Il découvre ainsi, qu'il y a un conflit entre la Tchécoslovaquie et l'Italie, qu'il peut y avoir un conflit entre l'Angleterre et la France d'un côté, et l'Amérique de l'autre, et que tout cela rendra nécessaire l'intervention armée de l'Allemagne dans la Baltique. En un mot, il s'agit de chercher avec le plus grand soin, les motifs pour lesquels l'Allemagne serait absolument, je répète: absolument, forcée d'intervenir par les armes pour maintenir sa neutralité. Il s'agit de préparer d'avance la justification de ce qui s'est passé en 1914. Nous savons, en effet, que l'Allemagne prétend qu'elle a commencé la guerre, parce qu'elle craignait qu'on ne l'attaquât elle-même. Le même raisonnement est répété maintenant.

En troisième lieu, et c'est ce qui est le plus important, le ministre de la Reichswehr a parlé de la nécessité de la protection de la neutralité de l'Allemagne.

Il a dit textuellement: il faut froidement se rendre compte que l'Allemagne ne pourra prendre part à la lutte que si elle a des chances réelles de succès; si ces chances font défaut, soit à cause de la situation intérieure, soit à cause de l'augmentation du nombre des puissances intervenant dans le conflit, aucun homme responsable ne pensera à exposer la nation allemande à des sacrifices inconsidérés et à une nouvelle débâcle; mais, si ces chances de succès existent, l'Allemagne pourra en profiter avec d'autant plus d'efficacité qu'elle sera plus forte. C'est justement ce que nous savons depuis longtemps. On dit que l'Allemagne pourra agir si telles ou telles conditions créées, par exemple, par la S. d. N. ou par Locarno, ne sont pas remplies. Or, si le général Groener déclare que l'Allemagne agira lorsqu'elle aura des chances réelles de succès, il dit clairement ce que l'on sait parfaitement. L'Allemagne ne violera en apparence aucun traité, mais au moment donné, elle provoquera la tourmente puis elle en aura peur et défendra sa neutralité comme la prunelle de ses yeux; enfin, pour mieux défendre cette neutralité, elle interviendra dans le conflit. Voilà ce que le général Groener a exposé avec toute la clarté désirable dans son mémoire. C'est la confirmation de la conception allemande voilée par le traité de Locarno ou même par le pacte Kellogg.

Les 19 et 20 novembre, c'est-à-dire trois jours après les débats sur le cuirassé, le Reichstag discuta l'exposé du ministre des Affaires étrangères, M. Stresemann. Le comte Westarp, prenant la parole au nom des Deutschnationale, dit (d'après le compte-rendu officiel Sitzungberichte No. 17):

„Nous maintenons que le traité de Versailles doit être revisé. Ce que je veux dire de concret en cette matière, se rapporte à notre frontière orientale. Je crois que je suis d'accord avec le Ministre des Affaires étrangères, pour déclarer que l'un des buts principaux de la politique allemande, c'est d'amener un règlement relatif à notre frontière orientale qui est impossible à maintenir. Il n'y a sans doute pas à l'étranger, en dehors de la Pologne, d'homme politique sérieux qui ne reconnaisse que la situation créée sur cette frontière puisse subsister. Cela se rapporte aussi bien à la Haute-Silésie déchirée qu'à la Prusse Occidentale allemande arrachée à l'Allemagne sous la fausse dénomination de „corridor polonais". Il faut agir contre cet état de choses et c'est la tâche de la politique allemande de travaille sans relâche à traduire en actes la conviction universelle de l'impossibilité du maintien de la frontière orientale de l'Allemagne".

C'est une déclaration suffisamment claire. M. Westarp a ajouté qu'il fallait préparer cette action en créant, sur la frontière de la Pologne, un rempart solide de colons allemands. Ici, je me permettrai d'ouvrir une parenthèse et de rappeler que depuis 1925, le Landtag prussien destine 50 millions de marks annuellement pour renforcer le germanisme dans les marches orientales allemandes. En dehors de ces 50 millions, nous trouvons encore d'autres fonds. Le député Baczewski a prouvé à la tribune du Landtag de Prusse, le 17 février 1928, que 265 millions de marks ont été dépensés en une année pour le but dont nous parlons, but que le comte Westarp définit comme une préparation de la modification des frontières allemandes.

Cette déclaration du comte Westarp ne serait pourtant pas si inquiétante si elle était isolée. Je ne veux pas remonter trop loin dans le passé. Je me bornerai à parler de ce qui a été dit depuis que nous vivons au milieu de ce qu'on appelle l'„esprit de paix", c'est-à-dire depuis Locarno.

Après son retour de Locarno, le 23 novembre 1925, le chancelier Luther avait déclaré au Reichstag:

„A l'est on ne peut admettre un règlement analogue à l'accord occidental, qui serait basé, de quelque façon que ce soit, sur les frontières existantes".

C'est une déclaration du chancelier Luther faite aussitôt après le retour de Locarno.

Un an après, le 23 novembre 1926, M. Stresemann déclara à son tour au Reichstag:

„En ce qui concerne la thèse d'après laquelle l'évacuation de la Rhénanie devrait être accompagnée d'une reconnaissance, par l'Allemagne, des frontières orientales, je déclare avec fermeté que nous avons rejeté à Locarno, dans le préambule du traité d'arbitrage, toute allusion aux frontières orientales et si nous avons lutté làbas dans ce sens, ce n'est pas pour sacrifier maintenant notre point de vue fondamental au prix d'une évacuation anticipée de la Rhénanie.

Lorsque le 9 janvier 1927, M. le Ministre des Affaires étrangères Zaleski eût déclaré dans son discours „que la Pologne ne consentirait jamais à laisser violer l'intégrité de son territoire" et qu'il eût invoqué l'art. 10 du Pacte de la S. d. N. en vertu duquel tous les membres de la Société se garantissent mutuellement l'intégrité de leurs territoires, un tolle général retentit en Allemagne et l'agence Wolff publia, le 11 janvier 1927, une note officielle où il était dit:

„Le point de vue du gouvernement allemand, en ce qui concerne les frontières occidentales de la Pologne, a été clairement défini; quant à l'art. 10, il ne peut être interprêté comme devant empêcher, une fois pour toutes, le développement historique répondant aux intérêts communs des nations".

Je rappellerai encore que le 18 septembre 1927, le président du Reich, Hindenburg, prononça les paroles suivantes au pied du monument de Tannenberg:

„La guerre fut pour nous un dernier moyen de défense, imposé à la nation allemande qui se dressa contre un monde d'ennemis. C'est d'un coeur pur que nous prîmes les armes pour la défense de la patrie et c'est avec des mains pures que l'armée allemande brandit le glaive".

Le 20 mai 1928, les élections eurent lieu en Allemagne. Pendant la campagne électorale, le parti des Deutschnationale du comte Westarp et de M. Hergt publia le 19 avril une proclamation disant: „Nous repoussons toute reconnaissance des impossibles frontières orientales actuelles". La „Deutsche Volkspartei", parti du ministre Stresemann, demanda dans sa proclamation du 24 avril „la suppression de l'impossible frontière de l'Est". Le parti démocratique allemand réclame le 20 avril „le règlement de la question de l'Est".

Le 17 septembre 1928 le président du Reich, Hindenburg, se trouvant à Oppeln (Haute-Silésie) y déclare: „Nous, Allemands, nous ne comprendrons jamais comment, en dépit du résultat du plébiscite, la Haute-Silésie ait pu être en grande partie attribuée à la Pologne, par décision du Conseil de la S. d. N. du 20 octobre 1921. Ce qui nous a été arraché ne peut être oublié et nous ne pouvons pas en prendre notre parti".

Au jour le l'An 1929, le président de la province Grenzmark Posen-Westpreussen, von Bülow, lança une proclamation dans laquelle il dit:

„La petite marche frontière Posen-Westpreussen peut, en toute justice, se considérer comme une fraction importante de la Marche de l'Est allemande qui est en voie de reconstruction et dont l'idée dominante ne doit pas se laisser voiler par nos intérêts et nos soucis locaux".

Enfin, le 10 janvier 1929, l'Ostmarkenverein, qui est tout aussi actif qu'autrefois, lança lui aussa une proclamation disant entre autres:

„Les mensonges historiques et objectifs ont donné à la Pologne des provinces allemandes de l'Est... La conception polonaise du droit et de la vérité a été exactement définie par le Ministre allemand des Affaires étrangères à Lugano... Peuple allemand! Toi qui étouffe dans des frontières trop étroites, pense aux possibilités de vie de tes fils et petits-fils".

Je vous demande, Messieurs, que signifient toutes ces déclarations qui nous inondent?... Ne signifient-elles rien?... Est-il possible de n'en pas tenir compte?... Et lorsqu'on entend souvent ajouter que le changement des frontières peut se faire par la voie pacifique, n'est-ce pas un jeu dangeureux et hypocrite?...

Tout cela se passe au moment où une question fondamentale se pose sur le terrain international: celle de l'évacuation anticipée de la Rhénanie. Y a-t-il un lien entre cette évacuation anticipée et la sécurité générale, et celle de la Pologne en particulier?

La réponse à cette question se trouve dans la quatorzième partie du Traité de Versailles intitulée: Garanties d'exécution (art. 428 à 431).

L'art 428 stipule que l'occupation a été décidée comme garantie d'exécution du traité et de toutes ses dispositions y - compris celles qui ont trait aux frontières de la Pologne.

L'art. 429 prévoit tous les cinq ans l'évacuation d'une des zones occupées et stipule ce qui doit se passer la dernière année de l'occupation, c'est-à-dire en 1935. Il dit textuellement:

„Si, à ce moment, les garanties contre une agression non provoquée de l'Allemagne n'étaient pas considérées comme suffisantes par les Gouvernements Alliés et Associés l'évacuation des troupes d'occupation pourrait être retardée dans la mesure jugée nécessaire à l'obtention desdites garanties".

C'est une dispositoin très importante. Elle dit expressément qu'au moment de l'évacuation, des garanties devront exister contre une agression de l'Allemagne, de quelque côté qu'elle vienne. Elle dit, non moins nettement, qu'il faudra éventuellement exiger que ces garanties soient mises en vigueur et renforcées.

L'art. 431 dit: „Si avant l'expiration du délai de 15 ans, l'Allemagne remplit tous ses engagements résultant du présent traité, les troupes d'occupation seront immédiatement retirées".

C'est le cas devant lequel nous nous trouvons actuellement. Pour que l'occupation cesse avant 1935, il faut que tous les engagements soient remplis, c'est-à-dire également ceux dont parle l'art. 429, et qui ont trait à la garantie contre une agression de l'Allemagne.

Mais on pourrait se demander si, réellement, la question de l'occupation de la Rhénanie a un rapport quelconque avec la sécurité sur la Vistule et si, dans l'esprit des auteurs du traité de Versailles, ce rapport existe. Les Allemands répondent à cela: non, il n'existe absolument pas. Ils reprochent avec indignation à la Pologne de parler de la question de l'évacuation de la Rhénanie et de se mêler ainsi des affaires intérieures de l'Allemagne. Je ferai remarquer ici que lorsque c'est nous qui parlons de l'évacuation anticipée de l'occupation, les Allemands déclarent que c'est une question intérieure de l'Allemagne, mais quand c'est le comte Westarp qui parle du changement des frontières de la Pologne, je me demande quelles sont ses véritables intentions. S'il veut étendre les frontières de la Pologne, ce n'est pas une question intérieure pour nous, mais qu'il le dise nettement! S'il veut au contraire, nous enlever quelque chose, alors, il n'y a pas en Pologne de question plus intérieure que la perte d'une partie de son territoire.

Or, il n'est pas exact que la question réglée par les art. 429 à 431 ne se rapporte pas aux problèmes de l'Est européen. A la base de ces articles, il y a un mémoire présenté par la délégation française à la Conférence de la Paix à Paris en 1919. Ce mémoire a été publié in extenso par M. Tardieu dans son livre intitulé: „La Paix" (pages 165 à 184). Nous trouvons dans cet ouvrage le passage suivant:

„C'est aussi une protection indispensable pour les Etats nouveaux que les Alliés ont appelés à la vie et l'est et au sud de l'Allemagne. Supposez, en effet, l'Allemagne maitresse du Rhin et voulant attaquer la République de Pologne ou la République de Bohème. Installée défensivement sur le Rhin, elle tiendra en échec (pour combien de temps?) les peuples d'occident venus au secours des jeunes républiques et celles-ci seront écrasées avant d'avoir pu être secourues (p. 171 et cf. 180)".

Il n'est donc pas douteux qu'il résulte de la teneur du traité de Versailles que l'ocupation de la Rhénanie a été décidée pour garantir la sécurité générale, aussi bien à l'est qu'à l'ouest de l'Europe.

Aussi, j'estime que les dclarations faites jusqu'ici par M. le Ministre Zaleski sur cette question ont trouvé une comprêhension complète dans le pays.

M. le Ministre Zaleski a dit le 11 juin 1928 à Paris:

„La question de la sécurité a une importance capitale aussi bien pour la Pologne que pour la France et c'est pourquoi toutes les garanties que nous avons en mains et qui assurent la sécurité commune des Alliés ont tant de prix que leur abandon, sans contre - partie correspondante, ne pourrait nous laisser indifférents. ...Si l'on nourrit des pensées cachées de revision, on travaille à ruiner l'état de choses existant et l'on ébranle tout l'édifice de la paix. Les tendances revisionnistes, surtout lorsqu'elles se rapportent aux problèmes territoriaux, sont le plus grand danger pour la paix".

Le lendemain 12 juin, également à Paris, M. Zaleski a déclaré:

„Il est très facile d'évacuer, mais il est très difficile de réoccuper, au cas où les engagements pris ne seront pas remplis. C'est une question grave et difficile. Avant d'évacuer la Rhénanie, il faut fixer certaines garanties par des négociations".

Enfin, le 16 juin, M. Zaleski parlant à Bruxelles, après l'accueil hostile que la presse allemande avait fait à ses précédentes déclarations, prononça les paroles suivantes:

„Je regrette beaucoup de ne pouvoir changer d'opinion pour satisfaire ces Messieurs. L'évacuation de la Rhénanie est une garantie de l'exécution du traité de Versailles. Il en résulte que les Polonais ont le droit de dire ce qu'ils pensent".

M. le Ministre des Affaires étrangères n'est pas seul, sur le terrain international, à affirmer que la question de l'évacuation de la Rhénanie intéresse la Pologne.

Que signifient, en effet, les paroles suivantes prononcées par le Ministre des Affaires étrangères de Grande-Bretagne, M. Chamberlain, à la Chambre des Communes, le 3 décembre 1928:

„Au point de vue juridique, le gouvernement de Sa Majesté estime que l'Allemagne n'a aucune raison de prétendre avoir rempli tous ses engagements contractuels. Le principal engagement (the chief obligation) que l'Allemagne n'a pas rempli, c'est la question des réparations".

A côté de cet engagement principal, il y en a aussi d'autres qui sont en rapport avec les art. 429 et 431.

M. Briand, dans son discours prononcé le 4 décembre à la Chambre des Députés, dit la même chose. Je cite le texte du „Journal officiel":

„Le mot sécurité commence à impatienter bien des gens. Car tous les mots qui se dressent en obstacles sur la route des illusions sont aisément détestés. C'est cependant un mot qui correspond à une réalité.

Que des éléments de sécurité nombreux aient été réalisés pendant ces dernières années, c'est vrai. Je manquerais de loyauté si j'essayais de le nier et ce serait, du reste, me mettre en contradiction avec mon propre effort. Oui, Locarno apporte bien une garantie de sécurité. Il n'est pas douteux que la frontière rhénane, placée désormais sous la garde de plusieurs puissances et notamment de la Grande-Bretagne, présente pour nous une plus grande sécurité qu'autrefois. Oui, le pacte de Paris qui, pour la première fois, fait de la guerre un crime et interdit aux nations d'y recourir en tant qu'instrument de leur politique nationale, constitue un nouvel obstacle à la guerre et une nouvelle garantie de paix. C'est bien, mais ce n'est pas tout".

Et aussi, lorsque M. Briand parle de cette question en rapport avec l'évacuation anticipée de la Rhénanie, il lie, lui aussi, cette évacuation à la sécurité générale, et non seulement à la sécurité sur le Rhin.

Voilà pourquoi j'estime que la déclaration suivante faite par M. Zaleski le 15 janvier dernier à la Commission des Affaires étrangères, a une grande importance et répond aux sentiments de cette Chambre:

„J'ai déjà eu maintes fois l'occasion d'affirmer que nous n'avons jamais voulu nous opposer à l'évacuation; mais cela n'empêche pas que cette question nous intéresse beaucoup. Nous sommes intéressés aux questions des réparations et des garanties de sécurité, c'est une chose tout-à-fait claire et suffissamment connue, qui découle, du reste, des traités de paix. Notre part des réparations s'évalue en chiffres; quant à la sécurité, nous avons le droit et l'obligation d'exiger que l'on évite de laisser au monde l'impression qu'on applique un traitement différent à la sécurité selon qu'il s'agit de l'est ou de l'ouest".

Or, nous sommes tous d'accord pour réclamer que la sécurité soit la même pour l'est que pour l'ouest de l'Europe.

Que voulons-nous donc? Est-ce que nous demandons qu'on n'évacue pas la Rhénanie ou que, du moins, on ne l'évacue pas prématurément? Repoussons-nous la pacification de l'Europe? Mais non, pas du tout. Nous désirons seulement, et nous pouvons le déclarer avec fermeté, que l'évacuation anticipée de la Rhénanie ait lieu dans les conditions prévues par le traité de Versailles. La seule chose que nous voulons, c'est que les Etats qui ont à régler cette question s'inspirent des articles 428 à 431 du traité de paix, appliquent les dispositions d'après lesquelles l'évacuation doit être subordonnée à l'existence de garanties contre une agression de l'Allemagne, demandent à l'Allemagne de s'expliquer sur ses déclarations concernant la frontière polonaise actuelle et enfin, qu'ils agissent comme le traité de Versailles le prescrit. C'est tout ce que nous demandons en cette matière.

Messieurs, je me suis efforcé de vous faire entendre surtout les arguments et la voix des évènements, c'est-à-dire la réalité, plutôt que mes observations personnelles. Je ne veux point, même à la fin de mon discours, affaiblir l'éloquence des faits par mes remarques. Je me bornerai donc à dire que nous, qui avons depuis des siècles l'expérience de cette partie de l'Europe, nous n'avons pas le droit d'être sourds ni aveugles. Le ciel s'obscurcit. L'orage gronde et menace notre indépendance restaurée sur son territoire actuel. Il menace aussi la paix de l'Europe rachetée par tant de sang versé sur les champs de bataille. Je suis convaincu qu'une grande partie du peuple allemand comprend le danger universel de cette menace. Quant à nous qui distinguons bien dans nos parages le grondement de la tempête, notre devoir est de veiller et de signaler au monde entier l'orage qui approche.

DISCOURS DE M. CASIMIR CZAPIŃSKI,

(SOCIALISTE).

Messieurs.

Nous sommes opposés à la motion du Parti National telle qu'elle a été primitivement formulée et renvoyée à la Commission et nous l'avons combattue à cette Commission. Aujourd'hui, cependant, elle nous est présentée sous une forme modifiée et surtout plus complète, ce qui me permet de déclarer que nous nous solidarisons avec une **de ses parties.** D'accord avec l'opinion qu'elle émet dans quelques-uns de ses paragraphes, nous pensons que l'évacuation de la Rhénanie sera, pour ainsi dire, le dernier indice de l'ordre de choses d'après-guerre en Europe et que, par suite, elle met à l'ordre du jour la question du renforcement des garanties de paix en Europe et, en particulier, des garanties qui touchent la Pologne.

Nous approuvons l'idée que l'Europe doit revenir à la politique de consolidation de la paix, qu'elle doit revenir au Protocole de Genève qui prévoit les sanctions contre les perturbateurs de la paix européenne. Nous reconnaissons qu'il est juste et opportun de souligner le grand rôle que joue et, surtout, que devra jouer dans l'avenir la Société des Nations. Nous acceptons cette partie de la motion. Nous considérons, en effet, qu'il n'est ni juste ni utile de douter avec scepticisme du rôle et de l'importance de la Société des Nations. Il n'est pas bon de dire, comme l'a fait aujourd'hui à la Commission des Affaires Etrangères un de nos collègues du Bloc Gouvernemental, M. Mackiewicz (en son nom personnel, je le reconnais), que la Société des Nations n'est rien d'autre qu'un instrument aux mains des grandes puissances, ç. à d. de l'Angleterre, de la France, et de l'Allemagne. Je me suis permis de faire observer à la Commission que c'est une formule toute bolchéviste.

C'est ainsi, en effet, que le rôle et la tâche de la Société des Nations sont toujours représentés par les bolchéviques et évidemment aussi par les ultra-nationalistes.

En ce qui concerne l'évacuation de la Rhénanie, nous observons la même attitude que le représentant du parti français au Congrès International de Bruxelles, notre camarade Paul Faure, qui déclara que le socialisme français réclame l'évacuation immédiate et sans conditions.

Cette partie de la motion est acceptable pour nous. Par contre, nous ne pouvons donner notre assentiment au passage qui, de façon ou d'autre, tend à envenimer nos rapports avec l'Allemagne ou qui, tout au moins, peut avoir ce résultat. Nous considérons, en effet, que l'intérêt réel de la Pologne est de poursuivre avec l'Allemagne une coopération positive dans tous les domaines possibles: politique, économique, culturel, car de très longues frontières lient, pour ainsi dire, la Pologne et l'Allemagne. Les faits les plus simples prouvent, en fin de compte, éloquemment que la Pologne est obligée de collaborer avec l'Allemagne. Bien que les relations économiques soient, comme on le prétend, rompues, la statistique de 1927 prouve que l'Allemagne est au premier rang des puissances qui font du commerce avec nous, tant au point de vue des exportations que des importations.

Si nous prenons cette même année 1927, nous constatons que sur les 2 milliards et demi, qui représentent nos exportations 804 millions expriment la valeur de ce que nous exportons en Allemagne, en dépit de la prétendue rupture des relations commerciales. Cela constitue, ni plus ni moins, 32%, ç. à. d. le tiers de tout le commerce extérieur de la Pologne. Si nous passons, maintenant, aux importations d'Allemagne en Pologne, nous observons qu'elles s'élèvent à la somme de 736 millions ç. à d. à ¼ environ de toutes les importations polonaises. C'est un chiffre énorme. Si nous le comparons, en effet, à ceux qui se rapportent à l'Angleterre (306 millions), à l'Autriche (276 millions), à la Tchécoslovaquie (252 millions), à la Suède (146 millions), nous voyons que l'Allemagne a une situation prépondérante. Je ne veux pas citer ici d'autres données statistiques, mais celles que je viens de signaler prouvent clairement et péremptoirement la nécessité pour les deux pays de collaborer pour le plus grand bien des intérêts de la paix, de la culture et du développement économique. Si nous nous reportons à la statistique de 1924, ç. à. d. de l'année précédant la rupture des relations commerciales, nous constaterons, d'une manière encore plus frappante, jusqu'à quel point ces relations unissent étroitement la Pologne et l'Allemagne. Cette année-là, en effet, le commerce avec l'Allemagne représentait 40% du commerce total de notre pays.

Dans ces conditions, tout ce qui peut imprudemment troubler ou rendre plus difficiles les rapports mutuels, justement à un moment où il s'agit de conclure un traité de commerce, ne peut être conforme aux intérêts de la Pologne.

Le rapporteur, M. Stronski, a dit qu'il ne citait que les propos d'autrui et des faits, qu'il ne voulait pas exprimer d'opinion personnelle et qu'il se bornait à constater l'approche de l'orage. M. Stronski nous a, en effet, présenté des documents et il a rappelé les propos d'autrui, mais je dois dire que, malheureusement, sa documentation a été tout à fait incomplète et unilatérale. J'ai peur que M. Westarp, représentant des nationalistes allemands, n'agisse de la même façon au parlement allemand et qu'il ne se borne à citer que les propos des nationalistes polonais. M. Stronski, Messieurs, a, à peine, rappelé qu'il existait des forces réelles représentées en grand nombre même au sein du gouvernement, qui veulent vivre en paix avec la Pologne et le déclarent avec énergie.

M. Stronski a parlé des débats du parlement allemand au sujet du cuirassé. Il a cité, si je ne m'abuse, les discours d'un grand nombre de conservateurs, mais il n'a pas cité le discours, si plein de force, du camarade socialiste Wels, un des chefs du parti, discours qui a été violemment interrompu par les nationalistes, les Deutsch-Nationale et les fascistes allemands (Le député Stronski: je l'ai cité). Peut-être n'étais-je pas dans la salle à ce moment... Le député Wels, disais-je, a réfuté avec force l'argument d'après lequel le cuirassé serait nécessaire pour le maintien des relations avec la Prusse Orientale. Il a dit que cet argument n'était qu'un bourrage de crânes de la pire espèce. Il fut alors interrompu par les cris d'indignation de la droite. En terminant son discours, le camarade Wels s'adressant à la droite dit: „Rappelez - vous, que ce cuirassé est la rançon des larmes et des souffrances des travailleurs allemands". Puis il ajouta: „Prenez-garde, ce vote peut se venger sur vous d'une façon terrible". (Une voix: Ce sont des phrases). Non, mon cher collègue, ce ne sont pas des phrases, ce sont des actes. En dépit du caractère démagogique d'une partie de la presse polonaise, je crois rappeler que les socialistes allemands ont voté contre le cuirassé et qu'ils ont fait tous leurs efforts pour empêcher sa construction. La démagogie d'une partie de la presse polonaise ne changera rien à cette vérité!

M. Stronski passe ensuite au second débat ç. à. d. à celui qui s'est déroulé à propos de l'exposé de M. Stresemann. Il est vrai que les nationalistes et les conservateurs prirent la parole dans le sens qu'a indiqué M. Stronski, mais le représentant des socialistes allemands, notre camarade Breitscheid parla également; il le fit avec hardiesse et courage et termina son discours par les paroles suivantes: „Il y a quelque chose de supérieur aux différentes nations et c'est l'humanité, et si nous voulons être fiers d'être Allemands, nous devons exiger que les Allemands marchent en tête de l'humanité en travaillant pour son bien et pour le bien de la paix. (Une voix: „C'est du verbiage"). Non, Monsieur, ce n'est pas du verbiage, c'est un acte". Quand des paroles semblables à celles que je viens de citer, tombèrent de la bouche de mon camarade et collègue Lieberman à la séance d'aujourd'hui de la Commission des Affaires Etrangères, M. Stronski rappela, dans une interruption, l'attitude des socialistes allemands en 1914. A cela je répondrai au rapporteur que je suis sûr que si l'on voulait répéter avec la classe ouvrière l'expérience de 1914, cette classe saurait cette fois donner une réponse convenable!

Ce qui le prouve, ce sont les articles du socialiste Künstler dans le „Vorwärts" qui est, ne l'oublions pas, le seul organe gouvernemental et l'organe du chancelier. Le camarade Künstler y a publié un article intitulé „Grenzschutz genügt" et une série d'autres articles de polémique relatifs au programme militaire de la social-démocratie allemande. Il y dit, entre autres: „Aujourd'hui la social-démocratie est unanime à comprendre que nos grands seigneurs et nos dirigeants nous ont menti et nous ont trompés en août 1914".

Prenons encore le „Vorwärts", journal, je le répète, gouvernemental, organe d'un parti gouvernemental et du chancelier Hermann Müller. Dans un article intitulé „Der Alarm um Groener" le „Vorwärts" dit: „Un Allemand qui serait prêt à faire mourir des millions d'hommes, afin de récupérer des régions perdues à l'Est, serait un fou et un criminel".

Il dit ensuite qu'une seule chose cause de l'inquiétude à une partie de la population allemande, c'est que la situation intérieure de la Pologne est si embrouillée qu'on ne sait ce qui en peut résulter. Cela inquiète la population allemande.

Toutes ces déclarations provenant de membres d'un parti gouvernemental montrent, et personne ne pourrait le nier, qu'il existe en Allemagne des forces qui travaillent pour la paix et pour la coopération internationale.

Messieurs, nous ne nions pas, nous le constatons au contraire, qu'il y a indiscutablement aussi en Allemagne des forces impérialistes. La renaissance de l'industrie, qui se concentre de plus en plus en cartels et en trusts et qui se rationalise, donne naissance à un nouvel impérialisme avide de nouveaux marchés, de nouvelles matières premières, de nouvelles colonies ou pseudocolonies. Il est incontestable qu'un tel impérialisme a trouvé son expression dans des partis tels que les Deutsch-Nationale et les Völkische". Pourtant, il y a en Allemagne des forces autrement orientées qui sont représentées par la démocratie allemande et, en premier lieu, par la social-démocratie. Il n'est ni juste ni utile de choisir le moment présent où la participation des socialistes au pouvoir constitue tout de même une certaine garantie de paix (n'oublions pas qu'ils ne disposent que d'une partie du pouvoir), pour engager la Diète polonaise à voter une résolution dirigée, justement à l'heure présente, contre l'Allemagne. Chez nous M. Stroński excite les Polonais contre Groener, tandis qu'en Allemagne Groener excite les Allemands contre la Pologne. Cette politique devrait être condamnée par la social-démocratie polonaise agissant d'accord avec la social-démocratie allemande et avec d'autres forces pacifiques de la démocratie allemande; les socialistes devraient opposer à cette politique un programme de paix et de coopérations réelle (Applaudissements sur les bancs socialistes).

Voilà pourquoi, Messieurs, nous vous proposons de repousser certains passages de la motion présentée et nous demandons que le président veuille mettre aux voix séparément les passages suivants de la résolution: à partir du mot „considérant" les paragraphes 1 et 2 jusqu'au bout et ensuite la fin de la résolution, à l'exception des quatre dernières lignes, de façon que la résolution se termine par les mots: „du protocole de Genève". Nous sommes, en effet, à la fois partisans des garanties de paix et partisans tout au moins d'un essai de coopération positive et pacifique avec l'Allemagne et la démocratie allemande.

DISCOURS DE M. HENRI LÖWENHERZ.

DEPUTE.

Messieurs.

Nous avons déjà exposé notre point de vue, en ce qui concerne l'évacuation anticipée de la Rhénanie, à la Commission des Affaires Etrangères. Je me bornerai donc ici à quelques observations.

La question de l'évacuation de la Rhénanie devenant actuelle, il est nécessaire que nous précisions notre attitude à son égard.

En vertu des art. 429 et 439 du Traité de Versailles, le Rhénanie a été remise aux puissances alliées comme gage et garantie de l'exécution par l'Allemagne du Traité et de toutes les dispositions qui en découlent. Ce gage doit rester occupé par les armées alliées pendant 15 ans, mais l'évacuation peut être différée, comme le prévoit le dernier alinéa de l'art. 429 du Traité de Versailles, si les puissances alliées estiment que les garanties contre une agression non provoquée de l'Allemagne sont insuffisantes.

Parmi les obligations de l'Allemagne garanties par l'occupation de la Ruhr, les principales sont: le respect scrupuleux de l'intégrité territoriale ç. à d. des frontières fixées par les traités de paix, et le paiement des réparations.

L'humanité est sortie de la terrible catastrophe de la guerre. Jamais dans l'histoire du monde elle n'a subi des pertes aussi énormes. Les flots de sang et de larmes, la dévastation de régions entières, la destruction des richesses amassées pendant des siècles, tout cela impose aux nations le devoir de faire tout ce qui est en leur pouvoir pour consolider la paix et la sécurité et, par conséquent de maintenir et de renforcer les garanties. C'est le but vers lequel tendent tous les efforts des hommes d'Etat animés de sentiments pacifiques et conscients de la responsabilité de toute l'humanité pensante.

D'un autre côté, l'occupation de la Rhénanie est une forme de garantie pénible pour l'Allemagne. Il est naturel qu'elle désire s'en débarasser. Nous mêmes, nous sommes disposés à accepter l'évacuation, car nous estimons que le rétablissement d'une situation normale en Europe et l'effacement des traces de la guerre sont désirables. Il n'est pas douteux que l'occupation d'un pays par des troupes étrangères est un phénomène anormal, un dernier témoin de luttes sanglantes et terribles, un souvenir et, tout à la fois, une source de haine. L'occupation est ressentie par l'Allemagne comme une humiliation. Elle lui rappelle continuellement sa défaite, elle blesse son amour-propre national et excite de la sorte le chauvinisme des nationalistes en créant un terrain propice à leur agitation. Il faut se demander si la garantie prévue par les art. 429 et 431 du Traité de Versailles est compatible avec l'esprit de paix international et si elle n'est pas superflue.

S'il s'agit des obligations financières, il faut remarquer que les principaux intéressés cherchent une solution qui, sans être désavantageuse pour l'Allemagne, assure aux puissances une garantie meilleure et plus efficace que l'occupation de la Rhénanie. Il est vraisemblable que les négociations en cours aboutiront à un résultat favorable pour les deux parties et remplaceront l'occupation par une garantie nouvelle.

Une autre question d'un haute importance reste encore à régler, c'est celle de la garantie du respect et du maintien de l'intégrité territoriale des voisins de l'Allemagne contre une agression non provoquée de celle-ci. Les accords de Locarno constituent une garantie des puissances occidentales et en particulier de l'Angleterre et de l'Italie contre une agression visant les frontières occidentales de l'Allemagne ou les frontières orientales de la France et de la Belgique. Il n'en est pas de même pour le voisin oriental de l'Allemagne, ç. à d. pour la Pologne. De nos jours, tout comme avant la guerre, les nationalistes ont, en Allemagne, une voix prépondérante dans les questions de politique étrangère. Les autres groupements se laissent influencer par eux. Les nationalistes déclarent ouvertement qu'ils n'ont nullement l'intention de respecter l'intégrité territoriale de la Pologne et qu'ils ont encore moins celle de donner à la Pologne des garanties effectives. Ils déclarent, au contraire nettement qu'ils s'empareront des territoires polonais qui constituent l'accès de la Pologne à la mer. Certains d'entre eux proclament que cette conquête se fera par des moyens pacifiques, ce qui est une absurdité destinée à agir sur l'esprit des étrangers ou à tromper la population pacifique allemande. L'idée de conquête est nettement antipacifique et éminemment guerrière. On l'inculque aux enfants, à la jeunesse, à toute la population, on crée ainsi une psychose de conquête, une psychose de guerre. Pour la réaliser, on s'arme, on organise l'industrie, on fait du problème des minorités un instrument de guerre, on arme la population et on l'excite aux cris de: à l'Est, nach Osten!

Au lieu du désarmement moral dont nous souhaiterions de toute notre âme la réalisation, ils sèment la méfiance, l'animosité, la haine, ils éveillent et développent la passion des conquêtes et de la guerre contre tout le monde, ils élèvent la population dans cet esprit et ils l'arment. Ce n'est pas par hasard que les mêmes groupements qui organisent la lutte contre la Pologne, appuient en même temps leur politique sur les collisions d'intérêts qui existent sans aucun doute dans le monde entier entre les Etats, ils travaillent à les envenimer, à les élargir, à exciter sans cesse les peuples les uns contre les autres, à escompter des conflits armés; ils offrent leur appui pour le cas de guerre et de cette manière ils rendent celle-ci plus probable. Ils spéculent sur les antagonismes, les divergences, la guerre, le manque de sécurité au lieu de chercher en commun les moyens pour sortir de la situation difficile et d'exclure la guerre comme instrument de politique. Ils excitent continuellement, ils intriguent, ils pêchent en eau trouble, ils jouent avec la guerre, ils éveillent l'esprit de guerre. Quand, dernièrement, des différences de points de vue se manifestèrent entre les Etats-Unis d'une part, l'Angleterre et la France d'autre part, dans la question des armements ils les accueillirent avec joie et ne manquèrent pas d'essayer de les aggraver. Le ministre de la Reichswehr, Groener, dit dans son mémoire: „Les révélations de ces dernières semaines ont projeté comme un faisceau de lumière sur les groupements futurs des Etats autour de l'Angleterre et de la France d'une part et de l'Amérique d'autre part. La solution violente de ces antagonismes n'est, écrit Groener, qu'une question de temps. L'Allemagne, nation de 60 millions, vivant au coeur de l'Europe, est menacée d'être entrainée dans un conflit".

Des organes très sérieux de la presse française considèrent que ce passage du mémoire de Groener est une offre de concours adressée par l'Allemagne aux Etats-

Unis pour le cas d'une guerre entre l'Allemagne et l'Angleterre alliée à la France.

Cette opinion n'est ni claire ni compréhensible, surtout, si nous nous reportons au discours prononcé il y a quelques jours par M. Chamberlain dans lequel celui-ci appela les Etats-Unis le meilleur allié de l'Angleterre et déclara, au nom de tous les Anglais, que tous les différends et tous les malentendus existant entre les deux peuples seront réglés dans une atmosphère de rapprochement et d'amitié.

On ne peut rendre responsable tout le peuple allemand des agissements des nationalistes allemands, on ne peut non plus en rendre responsable la démocratie allemande, mais c'est un fait que les nationalistes polonais, et c'est la grande différence entre eux et les nationalistes allemands, ne nourrissent pas de plans de conquête.

Ainsi donc, l'action des milieux allemands dont nous venons de parler, constitue un réel danger pour la paix. Il en résulte un manque de sécurité qui est un obstacle à la renonciation de notre part aux garanties réelles. Pour le bien de l'humanité et de la paix, et conscients de notre responsabilité, nous avons le devoir de tendre à conserver et à renforcer les garanties de sécurité et de paix.

Pour les raisons que j'ai exposées au commencement de mon discours, nous sommes favorables à une modification de la garantie contre une agression allemande mais à la condition que la garantie qui la remplacera n'affaiblira pas la sécurité. Il y a un grand nombre de garanties réelles qui répondent aux besoins de la Pologne et sont en même temps recommandées par la Société des Nations que nous soutenons chaleureusement et avec laquelle nous collaborons activement. La sécurité internationale peut être assurée par des accords prévoyant des sanctions et constituant des garanties réelles de grandes forces morales et matérielles.

Le manque de garanties de sécurité dans l'Est de l'Europe finirait par créer l'insécurité en Europe occidentale. L'expérience de la guerre mondiale nous a appris qu'il y avait dans ce domaine une interdépendance internationale très étendue. C'est pourquoi les garanties concernant l'Est sont nécessaires à la sécurité de l'Ouest. M. Briand a dit avec raison au Sénat français le 15 janvier dernier: „Un moment viendra où les hommes s'apercevront qu'il n'y a pas une paix européenne et une paix américaine, mais qu'il y a une seule paix, la paix du monde". Je me permettrai d'ajouter qu'il n'y a pas de sécurité spéciale à l'Europe orientale et une sécurité spéciale à l'Europe occidentale, mais qu'il existe seulement une sécurité, la sécurité de l'Europe et du monde entier.

Le devoir le plus grand et le plus important de l'humanité et surtout de la génération qui a tant souffert au cours de la guerre mondiale, c'est de consolider la sécurité et la paix.

Il n'y a pour l'humanité qu'un moyen d'expier tout le sang versé, toutes les terribles dévastations de la guerre, c'est de travailler à rendre la guerre impossible par la consolidation de la paix pour l'avenir et surtout par le reforcement des garanties de paix et de sécurité.

DISCOURS DE M. HENRI LÖWENHERZ.

à la Commission des Affaires Etrangères de la Diète.

La paix et la sécurité sont l'objet suprême des désirs des peuples si cruellement éprouvés par la guerre mondiale dont les atrocités sont toujours présentes à notre esprit. Le maintien de la paix et la sécurité ainsi que le respect du statut territorial et de l'indépendance politique de tous les membres répondent, d'autre part, à la principale tâche de la S. d. N. et constituent l'essence de la proposition polonaise présentée en septembre 1927 à l'Assemblée de la S. d. N., proposition presque identique au pacte de renonciation à la guerre.

Tout ce qui porte atteinte au sentiment de sécurité, tout ce qui menace la paix, retarde la limitation des armements et empêche la collaboration internationale. Au cours de la discussion sur l'exposé du ministre des Affaires Etrangères j'ai été obligé d'attirer son attention sur le fait que l'Allemagne détruit l'atmosphère de confiance et de sécurité en faisant valoir constamment ses revendications sur les provinces polonaises habitées par 80% de Polonais, provinces qui unies à la Pologne par l'histoire et par toutes les lois naturelles, geographiques et économiques, lui assurent l'accès à la mer, condition indispensable de l'indépendance palitique. Les Polonais sont prêts à défendre ces terres jusqu'à la dernière goutte de leur sang contre l'agresseur quel qu'il soit. L'Allemagne, en avançant ses prétentions territoriales nullement justifiées, tire argument des difficultés suscitées soi-disant par le transit à travers les territoires, convoités par elle. Or, en fait, ces difficultés n'existent pas, ayant été écartées entièrement par l'accord conclu au sujet des communications entre les deux pays.

La paix doit être soignée. Lorsque, pour signer le célèbre pacte de Paris, M. Kellogg est venu en France, le 24 août dernier, on lui a offert une plume d'or avec l'inscription „Si vis pacem para pacem", cette devise si différentes de l'adage ancien: „Si tu veux la paix, prépare-toi à la guerre".

Par la continuelle propagation de leurs tendances annexionistes les Allemands sont loin de renforcer l'atmosphère de sécurité et de paix mais au contraire, cette atmosphère, ils ne font que l'empoisonner. Ceci ils le font non seulement au moyen de discours et par une propagande systématique menée dans le monde entier, mais aussi par de nombreux actes. Dans ce domaine, aucune amélioration ne se manifeste en Allemagne. L'Allemagne, non seulement n'a rien appris, mais elle n'a rien oublié, ce dont témoignent les débats au Reichstag, les nombreux discours de ses représentants officiels de même que la manière de conduire les négociations commerciales tendant à leur rupture. Nous en trouverons également une preuve dans la construction du cuirassé, dans son instruction militaire perfectionnée et la préparation de l'industrie à toute éventualité de guerre, bien qu'on sache très bien en Allemagne que personne n'attente à sa liberté. Tout en se préparant à la guerre (et non à la paix) l'Allemagne exige en même temps le désarmement d'autres Etats, ce qui ferait qu'en conséquence l'Allemagne les surpasserait au point de vue de leur force armée, plus encore qu'avant la guerre.

Le chancelier Müller a fait très justement observer à Genève que la confiance constituait la base essentielle de tout succès: cependant il devrait se rendre compte de ce que l'Allemagne est loin de faire naître cette confiance par ses armements. Cette confiance ne peut être non plus renforcée par la révélation du fait que cette année même, la Reichswehr a fondé en Russie de grandes usines qui doivent construire pour l'Allemagne un très grand nombre d'avions de guerre.

Tous ces faits doivent nécessairement influencer l'attitude de la Pologne. Notre ministre des Affaires étrangères devra donc veiller tout particulièrement à ce que les garanties effectives de la paix et de la sécurité ne soient nullement amoindries. C'est sous ce point de vue que nous devons examiner l'éventualité de l'évacuation anticipée de la Rhénanie. Nous ne combattons nullement l'idée même de l'évacuation, nous la considéront comme une étape nécessaire vers le retour des conditions normales. Toutefois l'occupation est une sérieuse garantie de la paix. C'est pourquoi pour le cas de l'évacuation de la Rhénanie, il convient d'exiger d'autres garanties qui prémuniraient contre les tendances impérialistes si souvent manifestées par l'Allemagne.

Les garanties fournies à la Pologne sont en même temps les garanties fournies au monde entier. Car la guerre est pareille à un incendie qui d'une maison se transporte avec rapidité sur tous les autres immeubles environnants. L'Allemagne est une grande nation. Sa participation dans l'oeuvre de la paix est dans l'intérêt de tous. La Pologne est un pays essentiellement pacifique qui ne revendique aucun territoire. Elle voudrait vivre dans les meilleurs termes avec tous ses voisins en tant que membre d'une grande famille. Personne ne menace la sécurité et l'intégrité de l'Allemagne. Mais tous demandent à l'Allemagne de renoncer à ses visées de conquête qui ont déjà amené tant de malheurs sur l'humanité entière. Ayons l'espoir qu'en Allemagne aussi l'instinct pacifique l'emportera et que les meilleures relations s'établiront entre l'Allemagne et les autres nations. Mais aussi longtemps qu'un esprit de conquête y régne, il est de notre devoir de veiller d'accord avec les nations du monde entier, à la garantie de la paix car, comme l'a dit M. Briand, le désir du maintien de la paix est comme une fleur qui peut être facilement flétrie. Dans la motion que nous présentons nous voyons l'affirmation de notre politique".

DISCOURS DE M. GRALINSKI,

DEPUTE.

Messieurs.

Le projet de résolution présenté par la Commission des Affaires Etrangères envisage les moyens de garantir la Pologne contre l'invasion étrangère. C'est un problème d'une haute portée qui touche aux manifestations les plus essentielles de l'activité collective.

Le but de la politique étrangère de la République Polonaise, c'est la paix dans la sécurité. Cette définition indique par elle-même que nous n'avons pas en vue une paix qui serait une résultante fortuite de l'équilibre des forces politiques entre des camps opposés, mais une paix organisée qui serait fonction de la collectivité internationale et qui s'appuierait sur le respect des traités et l'intégrité territoriale de tous les Etats. Le moyen de réaliser une telle paix, ce serait l'arbitrage ç. à d. la renonciation au bon vouloir collectif dans la vie internationale répondant au bon vouloir individuel dans la vie des différents peuples. L'arbitrage devrait être complété par les sanctions qui assureraient le respect des engagements pris. A ces deux facteurs de la sécurité s'ajouterait finalement un troisième: le désarmement; toutefois, nous ne considérons pas uniquement ce dernier comme une cause de la sécurité, mais également comme une fonction des deux autres facteurs ç. à. d. de l'arbitrage et des sanctions. Nous sommes d'avis que la sécurité de l'Etat polonais repose à la fois sur l'armée et sur les garanties internationales. Plus les garanties seront importantes et plus l'armée pourra être réduite. L'absence ou la faiblesse des garanties nous forceront, par contre, à maintenir nos armements.

Cette organisation de la paix dont je viens de parler est, à l'heure actuelle, insuffisante, parce que le pacte de la Société des Nations n'exclut pas la guerre comme moyen de poursuivre la réalisation des prétentions et des revendications nationales. Le pacte a, il est vrai, créé des entraves, et même des entraves sérieuses et solides aux velléités des collectivités de se faire justice elles-mêmes, mais ce ne sont en fin de compte que des entraves.. Les sanctions également ne sont qu'une construction incomplète. On a posé des principes généraux mais on n'a pas prévu les mesures d'exécution pouvant assurer leur application. Il en résulte qu'on n'est pas sûr si, en cas de besain, elles pourront être rapidement et efficacement mises en oeuvre. Quant au désarmement, il n'a pu être tiré de l'impasse dans laquelle il se trouve.

La Société des Nations a fait des efforts très sérieux pour consolider l'organisation de la sécurité, mais ces efforts sont restés jusqu'ici sans résultat. Le traité d'assistance mutuelle, élaboré en 1923, et le Protocole de Genève de 1924, document d'une portée et d'une valeur énorme pour l'humanité, sont restés lettre morte. L'échec du Protocole est dû au gouvernement conservateur anglais qui, abandonnant les principes du droit égal pour tous les Etats à la sécurité et de la garantie universelle de la paix, lança l'idée des accords particuliers adaptés à des situations spéciales. On ne se rendait pas compte alors en Pologne que la chute du cabinet Mac Donald et l'arrivée au pouvoir de Chamberlain, auraient une fâcheuse répercussion sur la sécurité de notre République. En effet, au lieu du Protocole de Genève, on nous a offert Locarno. Et qu'est-ce que Locarno, sinon l'antithèse des méthodes et du système sur lesquels s'appuyait le Protocole? Celui-ci assurait à tous les Etats, quels qu'ils soient, grands ou petits, forts ou faibles, le même droit à la sécurité. Locarno, au contraire, a établi des droits différents selon qu'il s'agit de tels ou tels Etats et c'est la Pologne qui a payé cette différence. Le Protocole avait assuré à tous les Etats, indépendamment de leur situation dans telle ou autre partie de l'Europe, le même privilège de la sécurité. A Locarno, on a distingué deux sortes de garanties valables, l'une pour l'Ouest, l'autre pour l'Est de l'Europe. Nous n'avons pas pu, et peut-être n'avons-nous pas su conclure alors un pacte de non-agression avec l'Allemagne. Nous n'avons ni pu ni su obtenir une garantie efficace de notre sécurité.

Depuis 1925 aucun changement important n'a eu lieu en cette matière. Nous abordons actuellement la ratification d'un accord international de grande valeur, je veux parler du pacte contre la guerre, dont nous allons nous occuper demain et qui constitue un grand pas en avant dans la voie de l'organisation de la paix. Mais, ce pacte ne peut pas garantir efficacement la sécurité parce qu'il ne prévoit pas de sanctions contre celui qui violerait les engagements pris. Nous, Polonais, nous ne sommes malheureusement pas dans l'heureuse situation des peuples anglo - saxons qui peuvent attribuer la même importance aux accords comportant des sanctions et à ceux qui n'en prévoient pas.

D'autre part, les rapports entre Etats ne sont pas tels qu'ils puissent permettre d'affirmer que la paix est assurée. Tous les Etats ne sont pas moralement désarmés. Certaines puissances continuent à être fidèles à des méthodes de politique impérialiste. Il existe un peu partout des foyers d'incendie. De nombreux hommes politiques prétendent que l'Europe d'aujourd'hui ressemble à une poudrière où l'on promène des torches allumées.

Après ce coup d'oeil d'ensemble sur l'état général

de la sécurité, je passe, maintenant, au problème central dont s'occupe le projet de résolution de la Commission des Affaires Etrangères, à savoir la question de l'évacuation anticipée de la Rhénanie qui fait actuellement l'objet de négociations entre les puissances directement intéressées.

L'occupation d'une partie de l'Allemagne occidentale a été prescrite par le traité de paix, non seulement comme garantie de l'exécution par l'Allemagne des clauses du traité de Versailles relatives aux réparations et au désarmement, mais aussi comme garantie de n'importe quel Etat contre une agression non provoquée de l'Allemagne. Cette dernière disposition a une très grande valeur, car il en résulte que la suppression de l'occupation qui hâterait le retour à des relations normales en Europe présuppose la réalisation de conditions de sécurité véritable dont l'absence s'est fait sentir jusqu'à maintenant.

Les négociations sur l'évacuation anticipée concernent un problème qui, selon moi, a une importance capitale pour la Pologne. Malheureusement, pourtant, nous ne prenons pas directement part à ces négociations. Reste à se demander quelle part y prenons nous indirectement. Eh bien! Je trouve que cette part est minime. Pouvait-il en être autrement? Je ne le pense pas.

Je reviendrai plus amplement sur ce problème au cours des débats de la Commission des Affaires Etrangères. Je me bornerai ici à remarquer brièvement que trois puissances jouent un rôle décisif dans cette question; ce sont: la France, la Grande-Bretagne et l'Allemagne. S'il s'agit de l'Allemagne, personne n'a jamais douté qu'elle s'opposerait à nos thèses, si justes fussent-elles. En ce qui concerne la France, je crains que nous n'ayons pas su jusqu'ici nous assurer son appui. Quant au gouvernement anglais, on peut tout au plus dire qu'il observe une neutralité bienveillante.

Je voudrais être objectif et oublier, pour le moment, que je suis membre d'un parti d'opposition.

En analysant donc, sans aucun parti-pris, la situation actuelle et en tâchant d'en dégager les causes, nous sommes obligés de reconnaître qu'il existe un lien intime et direct entre la politique intérieure et la politique étrangère et que celle-ci est conditionnée par celle-là. Personne, je pense, n'aura rien à objecter à cette affirmation. S'il en est ainsi, nous pouvons dire qu'un peuple qui ne sait se gouverner lui-même ne peut inspirer aucune confiance ni aucun respect aux autres peuples. Un Etat dont la situation intérieure est instable n'incite pas les autres à lui accorder leur confiance. Or, c'est ce qui se produit lorsque l'un des deux pouvoirs, législatif ou exécutif, usurpe les prérogatives de l'autre. On aboutit alors à un système de gouvernement irrésponsable que nous considérons, nous démocrates, comme irrationnel.

Le régime actuellement en vigueur en Pologne dure près de trois ans. Durant ces trois années, nous n'avons pas su gagner les sympathies des démocraties française et anglaise, sans l'assentiment desquelles rien d'important ne peut se passer dans la politique des deux pays. Je dirai même plus: ces sympathies se sont affaiblies, la compréhension de nos intérêts et de nos besoins a diminué. Peut-on s'étonner que les représentants des vielles démocraties parlementaires soient hostiles à un système de gouvernement comme celui que nous avons en Pologne, système qui, d'après eux, aboutit à des conséquences très fâcheuses pour le pays lui-même et pour les manifestations de son activité extérieure?

Les gouvernement irresponsables sont universellement considérés comme des perturbateurs de la paix, tout comme les monarques absolus. Nous sommes profondément convaincus que la politique étrangère du régime actuel est pacifique. Nous l'avons affirmé plus d'une fois. Mais, le Ministre des Affaires Etrangères n'arrivera pas à dissiper la méfiance. Quand il s'entretient avec les représentants des grandes démocraties occidentales, il ne peut se débarrasser de l'ombre qui le suit partout et que projette sur lui le système de gouvernement irresponsable qui existe aujourd'hui en Pologne.

Peut-être, dira-t-on, nos milieux dirigeants cherchent-ils à appuyer la politique polonaise sur les éléments réactionnaires et conservateurs des Etats qui ont un régime analogue au nôtre, comme l'Italie, la Hongrie et même, depuis peu, la Yougoslavie? S'il en était ainsi, je ne l'approuverais pas mais j'avouerais du moins qu'une telle tactique aurait le mérite de la clarté. Mais il nous faut constater que le gouvernement n'a pas su, jusqu'ici, s'assurer l'appui des éléments conservateurs de France et d'Angleterre. Si nous ajoutons à cela que le règlement des rapports économiques avec l'Allemagne et l'Union Soviétique reste en suspens, que notre conflit avec la Lithuanie, au lieu de s'apaiser, s'aggrave plutôt, qu'il n'y a pas d'entente positive avec les Etats Baltes, que les relations avec la Tchécoslovaquie se sont relâchées, nous ne pouvons prétendre que le régime actuel facilité l'accroissement extérieur de notre sécurité.

Si nous envisageons, d'autre part, notre force de résistance intérieure contre une invasion éventuelle, il faut nous rendre compte qu'un peuple écarté de toute participation à la gestion de ses propres affaires et privé de l'espoir d'une amélioration de son sort par suite de l'absence de réformes sociales, n'est pas capable de tendre d'un seul coup, en cas de besoin, toutes ses volontés et toutes ses énergies. Quant aux promesses qui n'ont pas été remplies une fois, elles pourront difficilement produire un effet quelconque lorsqu'elles seront renouvelées.

Il faut, maintenant, que nous nous demandions quelle

doit être l'attitude de la Pologne en présence du fait dè l'évacuation anticipée de la Rhénanie. Il y a trois solutions possibles à ce problème. La première consiste à voir dans l'occupation des provinces rhénanes la seule garantie réelle de sécurité; une telle conception exigerait de nous une action énergique et rapide contre l'évacuation. Le seconde solution serait de faire cesser l'occupation pour la remplacer par une garantie de sécurité équivalente; cette idée nous conduirait à appuyer les efforts tendant à une liquidation rapide des conséquences de la guerre. Enfin, la troisième conception consisterait à nous désintéresser du problème, ce qui équivaudrait à favoriser l'évacuation immédiate et sans conditions de la Rhénanie.

Nous estimons que la première et la troisième de ces solutions sont à rejeter. Il serait vain et dangereux de réclamer la prolongation de l'occupation, parce qu'il est douteux, qu'une telle conception ait des chances de réalisation, que, d'autre part, elle nous vaudrait l'hostilité des milieux démocratiques du monde entier et qu'enfin elle ne consoliderait pas notre sécurité. Pour asseoir la paix sur des bases solides, il faut l'appuyer sur les éléments capables de l'assurer. Ces éléments, ce sont avant tout, sinon exclusivement, les forces de la démocratie. La prolongation de l'occupation aurait, à la fois, pour effet d'affaiblir l'influence croissante de la démocratie allemande et d'entraver les efforts qu'elle fait en vue d'affermir les relations pacifiques avec les autres peuples. L'opinion publique allemande, déçue dans ses espoirs, se jetterait infailliblement dans les bras de la droite et favoriserait l'esprit de revanche, c'est-à-dire, en fin de compte, la guerre. Au contraire, une politique de concorde et d'entente peut, selon nous, donner des résultats favorables et positifs. L'observation du développement de la situation intérieure en Allemagne, depuis deux ans, nous en donne la preuve. L'esprit de Locarno et de Genève a pris le dessus à Berlin. L'évacuation de la troisième zone rhénane a notablement renforcé l'influence des organisations pacifistes et, au contraire, elle a affaibli celle des organisations de revanche. Les dernières élections au Reichstag ont donné la victoire aux partis de gauche qui sont pour une politique d'entente. Ce n'est naturellement que le commencement de la tâche que le peuple allemand a à exécuter, ce n'est que le premier pas dans la bonne voie et cette voie est hérissée d'obstacles, je m'en rends bien compte. Mais c'est une première étape qu'il était indispensable de franchir et c'est justement parce que ce n'est qu'un commencement que nous ne pouvons accepter la troisième solution — celle de l'évacuation immédiate et sans conditions de la Rhénanie. Conformément à l'article 425 du Traité de Versailles une telle évacuation voudrait dire que sont déjà réalisées des conditions équivalant à une garantie contre une agression de l'Allemagne, garantie générale ou intéressant particulièrement les voisins de l'Allemagne.

Le pacte de la Société des Nations, le pacte Kellogg, le pacte de Locarno, ne constituent pas une telle garantie. D'autre part, l'attitude de l'Allemagne à l'égard de la Pologne éveille des craintes sur la solidité de la paix entre les deux pays.

Ainsi donc, tant au point de vue du droit que de la situation de fait, les relations polono-allemandes ne reposent pas sur des bases normales.

Si nous voulions analyser les causes de cet état de choses il nous faudrait, avant tout, examiner le côté psychologique du problème. Les sentiments qui règnent en Allemagne à l'égard de la Pologne ne permettent pas de conclure à l'existence d'un véritable désarmément moral. Une partie importante de l'opinion publique allemande nous est hostile et voit en nous une création récente dont l'existence même est gênante. Nos projets et nos conceptions, même quand ils ont uniquement en vue des considérations d'ordre tout à fait général, même quand ils touchent à des problèmes auxquels ni la Pologne ni l'Allemagne ne sont directement intéressées — sont systématiquement attaqués par la droite allemande. Qu'il me suffise de rappeler notre projet de déclaration pacifique de 1927, visant à la conclusion d'un pacte général de non-agression. Au cours des débats du Reichstag sur le cuirassé, la presse nationaliste allemande et les partis de droite ont observé une attitude également hostile à la Pologne.

Ajoutons qu'une campagne de grande envergure est menée en faveur de la revision pacifique des frontières. Je voudrais, Messieurs, insister sur cette question afin d'expliquer à la démocratie allemande comment les démocrates polonais l'envisagent. Je ne répondrai pas à la presse de droite allemande, c'est le rôle de notre droite polonaise.

Je désire exposer clairement notre manière de voir, afin de ne laisser subsister aucune espèce de doute. Nous ne craignons pas une violation de notre frontière occidentale, car cette frontière est basée sur le droit et la justice. Nous voulons appliquer en politique étrangère la devise de tout bon propriétaire: „Je ne veux pas du bien d'autrui, mais je ne me laisserai pas ravir le mien et je saurai le défendre".

Je considère que la propagande allemande est très dangereuse aussi bien pour le maintien de relations durables de bon voisinage entre la Pologne et l'Allemagne que pour la consolidation de la paix générale. Cette propagande n'est pas seulement le fait de milieux privés; les autorités gouvernementales y prennent également part, qu'il me suffise de rappeler les nombreux discours du président Hindenburg, des différents ministres et, dernièrement, les paroles prononcées à Essen le 15 janvier par le président supérieur de la Prusse Orientale,

M. Siehr. Ce haut fonctionnaire qui appartient du reste, au parti démocrate a déclaré que la nation allemande ne renoncerait jamais à la revision de ses frontières de l'Est. Il faut bien se rendre compte qu'il ne peut être question d'une consolidation réelle de la paix tant qu'on continuera à saper et à ruiner les fondements du régime légal de l'Europe. Aucun ami sincère de la paix ne peut, me semble-t-il, envisager autrement ce problème.

Ce point de vue est, du reste, absolument conforme au principe fondamental qui est à la base de la Société des Nations, je veux parler du respect et de la garantie de l'intégrité territoriale, de tous les membres de la Société. Ces derniers doivent tous, sans exception, respecter de bonne foi cet engagement et non seulement dans la forme, mais dans le fond. La propagande en faveur de la revision pacifique des frontières, postulat principal de la politique allemande, doit être considéré ou bien comme une tentative d'induire en erreur l'opinion publique de l'Allemagne et du monde entier, ou bien comme un grave malentendu.

Il ne paraît pas vraisembiable qu'une procédure pacifique aboutisse à modifier les frontières existantes, car la délimitation des territoires est conforme à la justice et basée, en particulier, sur le droit des peuples à disposer d'eux-mêmes. Le développement de l'idée d'une revision des traités par des organes internationaux tels que les commissions de conciliation ou les tribunaux, est intimement lié au développement de l'organisation de la vie internationale. Si l'on envisage pratiquement le problème, il est impossible de concevoir un développement de la procédure pacifique de revision des traités sans assurer en même temps à l'humanité les bienfaits de la paix dans la sécurité. La revision pacifique des traités est le couronnement du système de règlement pacifique des différends. Elle constitue, en effet, une limitation très caractéristique des droitt individuels des Etats en faveur de la collectivité internationale. Aujourd'hui, on ne peut parler de couronnement du système, du moment que nous en jetons seulement les bases. S'il en est ainsi, le fait d'exciter l'opinion publique en faveur d'une révision rapide des traités peut aboutir à un résultat absolument inattendu pour les promoteurs de cette campagne. L'opinion exaltée peut se laisser entraîner, malgré ces derniers, à une action de revanche. En tenant compte de l'aspect général de la situation politique en Europe, du degré d'organisation de la sécurité et des conditions internationales, on comprend aisément que la promesse d'une revision pacifique des frontières internationales cache un très grave danger en rendant possible une nouvelle guerre. Les chefs de la démocratie allemande devraient le comprendre et tendre par suite leurs efforts dans deux directions. D'une part, ils devraient lutter ouvertement, hardiment et systématiquement, contre la campagne de revanche antipacifique et antipolonaise de la droite allemande, qui — nous sommes en droit de le déclarer — constitue le plus grand danger pour la paix de l'Europe. Cette campagne entretient la discorde entre les deux nations et entrave toute tentative d'entente. D'autre part, les démocrates allemands et tous les vrais amis de la paix en Allemagne devraient s'efforcer de propager l'idée que quiconque cherche à se persuader soi-même et à convaincre les autres qu'un changement du régime territorial actuel basé sur le droit et la justice est possible, travaille en réalité contre la paix.

Nous sommes, Messieurs, des partisans sincères de la pacification de l'Europe et de l'entente avec l'Allemagne. Nous estimons qu'il faut tendre systématiquement et opiniâtrement au règlement du problème de la sécurité dont parle l'article 429. Cet article stipule que l'évacuation de la Rhénanie doit coïncider avec l'inauguration d'un état de choses qui donne aux voisins de l'Allemagne l'assurance que celle-ci ne les attaquera pas. L'occupation est donc conçue comme garantie de la sécurité générale. Comme elle présente cependant un grand nombre d'inconvénients, il faut la remplacer le plus vite possible par une autre garantie équivalente. Envisageons maintenant la question de savoir quelle doit être cette nouvelle garantie. S'agit-il de la conclusion de quelque alliance dirigée contre l'Allemagne? Nullement, car ce serait un retour aux anciennes pratiques d'avant-guerre qui se sont avérées désastreuses dans leurs effets. S'agit-il, alors, de se procurer des moyens en vue de lever un grand nombre de soldats et de construire des forteresses? Non plus, car nous ne voulons pas appuyer notre sécurité uniquement et exclusivement sur les baïonnettes. Nous voulons une garantie qui complète et renforce les gaarnties de sécurité résultant du pacte de la Société des Nations, des accords de Locarno et du pacte Kellogg. Il faut que nous agissions en vue d'augmenter les normes générales de sécurité et de développer l'organisation de la paix, car nous aussi, nous en serons, évidemment, les bénéficiaires. Il faut, au moins, que soient créées les conditions prévues par le traité de paix pour la sécurité des puissances alliées.

Comme vous le voyez, Messieurs, j'ai envisagé la question d'un point de vue général. Il est possible qu'on me reproche du côté allemand qu'une telle solution peut retarder l'évacuation, d'autant plus que sa réalisation ne dépend pas de l'Allemagne toute seule. En réfléchissant bien on se rend compte qu'un tel reproche n'est pas fondé. Il est évident qu'en aucun cas l'Allemagne ne devrait subir les mauvais effets d'une action d'Etats tiers sur laquelle elle pourrait n'avoir aucune influence. Mais si, non seulement elle ne s'opposait pas à l'accroissement de la sécurité actuelle, mais l'appuyait franchement, personne ne pourrait prétendre que c'est par sa faute que les conditions prévues par le traité de paix n'ont pas été remplies.

L'Allemagne devrait nettement donner son appui à cette action; le reste, c'est-à-dire la recherche de la forme à donner soit à des garanties nouvelles soit à l'adaptation des garanties anciennes aux nouveaux besoins, serait une chose secondaire. Notre point de vue, en cette matière, quant à la forme et quant au fond, est conforme à celui de la Société des Nations. La 9-e Assemblée a, en effet, invité tous les Etats-membres à conclure des conventions ayant pour but d'augmenter la sécurité. Elle en a même élaboré des modèles qu'elle a proposés à l'approbation de ses membres.

Nous approuvons la résolution de la Société des Nations du 26 septembre 1928 et nous estimons qu'il est de notre devoir de tendre nos efforts dans le sens indiqué, c'est-à-dire de signer les conventions préparées par la Société. Ce qui nous intéresse tout spécialement c'est le traité D qui est un modèle de convention régionale de non-agression, d'assistance mutuelle et de règlement pacifique des différends. Ce modèle n'est pas un texte *ne varietur*. Il peut être amendé et les amendement seront d'autant plus souhaitables qu'ils s'inspireront davantage des principes du Pacte Rhénan. Nous estimons que les plus désirables seraient ceux qui stipuleraient la mise en oeuvre de l'assistance et des sanctions en cas de recours à la guerre d'une des parties contractantes.

Notre projet de résolution ne se borne pourtant pas à fixer comme but à nos efforts l'organisation régionale de la sécurité. Nous voulons aussi encourager, en même temps, les tentatives faites en vue d'une consolidation universelle de la paix par l'adjonction des clauses du pacte Kellogg au pacte de la Société des Nations.

Nous nous rendons parfaitement compte que les moyens que nous proposons ne garantiront pas d'une manière absolue la sécurité. Nous avons conscience que seule la mise en oeuvre des principes du Protocole de

Genève pourrait avoir ce résultat, d'autant plus que la démocratie du monde, dont l'influence est puissante, veillerait sur leur application.

Il n'en est pas moins vrai que la mise en pratique de la résolution présentée par la Commission des Affaires Etrangères constituerait un grand pas en avant dans la voie de l'organisation de la paix, car elle appuyerait celle-ci sur des bases durables, sur des principes nouveaux et sur les exigences de la vie moderne. Le projet de la Commission se compose de deux propositions, dont l'une est présentée par les groupes National et Piast, et l'autre par le groupe populiste de la Libération. J'ai l'honneur de déclarer que nous voterons pour le projet, à l'exception du paragraphe 2 que nous ne rejetons pas quant au fond, mais que nous considérons comme superflu et trop fragmentaire.

DISCOURS DE M. JEAN DĘBSKI.

DEPUTE.

Messieurs.

Nous approchons de la période de liquidation des conditions d'après-guerre en Europe. Des négociations ont été entamées en vue du règlement définitif du problème des réparations et les Allemands ont, en même temps, réclamé l'évacuation anticipée de la Rhénanie. L'opinion du monde entier, à l'exception de l'Allemagne, est unanime à considérer que l'occupation des provinces rhénanes garantit l'exécution du traité de Versailles. Comme l'ont affirmé dernièrement les ministres des affaires étrangères de France et d'Angleterre, l'Allemagne n'est nullement juridiquement autorisée à réclamer l'évacuation anticipée inconditionnelle de la Rhénanie, car non seulement le traité de Versailles considère l'occupation comme une garantie temporaire et passagère de son exécution, mais il autorise les puissances alliées à prolonger les délais d'occupation jusqu'au moment où des garanties suffisantes contre une agression non provoquée de l'Allemagne seront acquises. Il suffit, du reste, de se rappeler l'évolution de cette question à l'époque de la conclusion de la paix, pour se rendre exactement compte du caractère que possède l'occupation de la Rhénanie au point de vue juridique, politique et militaire.

Dès le mois de janvier 1917, M. Briand, qui était alors, comme aujourd'hui, ministre des affaires étrangères, avait soutenu la nécessité de créer sur le Rhin un état de choses qui fût une garantie de paix pour la France et pour l'Europe entière. En novembre, puis en février 1918 et enfin en mars 1919, la France déposa une série de projets concernant le Rhin et la Rhénanie et tendant à créer une garantie effective de sécurité et de paix pour l'Europe. Il y était question d'occupation de la ligne du Rhin par des troupes agissant comme mandataires de la Société des Nations et de création d'un ou de plusieurs Etats rhénans sans le protectorat de la Société.

Comme nous le savons, tous ces projets se réduisirent finalement à une occupation temporaire et à la promesse d'une garantie militaire faite à la France par les Etats-Unis et l'Angleterre pour le cas d'une agression non provoquée. Le préambule du traité de Versailles fait allusion à cette question en reconnaissant que „les clauses relatives à la rive gauche du Rhin ne garantissent pas suffisamment la sécurité ni la défense efficace de la République française".

Nous savons également que l'alliance franco-anglo-américaine n'a pas abouti et que ultérieurement l'organisation de la sécurité générale et de la sécurité de la France s'est poursuivie, après l'échec du Protocole de Genève, par la conclusion des accords régionaux de Locarno, le vote de la fameuse résolution de la 8-e Assemblée contre la guerre et, tout récemment, le pacte Kellogg.

Tout en reconnaissant pleinement la valeur morale et politique de tous ces accords, pactes et déclarations à l'élaboration desquels la Pologne a pris une part active, nous sommes obligés de constater qu'en présence de la situation internationale actuelle, les garanties de sécurité des différents pays et de la paix universelle sont insuffisantes, que les traités de garantie conclus jusqu'à ce jour ont un caractère uniquement régional et qu'ils n'assurent pas une sécurité égale à toutes les parties contractantes et qu'enfin malgré tous ces traités, pactes et déclarations et malgré les efforts sincères d'un grand nombre d'Etats pour maintenir la paix, nous sommes témoins, dans le domaine des armements matériels et moraux, de faits qui augmentent l'inquiétude et le danger.

En parlant des négociations qui vont s'ouvrir sur l'évacuation anticipée de la Rhénanie, le chef du gouvernement français M. Poincaré a déclaré que la France est obligée de compter avec la force armée dont dispose l'Allemagne, avec son potentiel de guerre, son armée, ses cadres, sa préparation militaire, le chiffre de sa population et la capacité d'adaptation de l'industrie allemande aux besoins de la guerre. Quant aux réparations, ajoute Poincaré, „nous sommes obligés de réclamer à nos débiteurs une somme suffisante pour nous permettre de payer nos dettes et de faire face aux dépenses de reconstruction de la France. La sécurité et les réparations, ce sont des questions qui ne nous permettent pas de renoncer à la légère à nos garanties". Ce point de vue du président du conseil français souligne nettement la nécessité de subordonner la question de l'évacuation anticipée de la Rhénanie à la création de conditions suffisantes de sécurité et au règlement du problème des réparations. Si le chef du gouvernement français, parlant de la sécurité, tient compte de la force armée dont l'Allemagne dispose, de sa force officielle aussi bien que potentielle, et réclame des garanties suffisantes de sécurité à l'égard de cette force, il faut reconnaître qu'en ce qui concerne la Pologne, la question de la sécurité en rapport avec l'évacuation de la Rhénanie prend une importance encore plus grande. Nous n'avons pas seulement à tenir compte de l'état des forces armées de l'Allemagne, de l'essor de son industrie chimique, de son aviation, de son budget militaire très élevé, nous avons affaire encore à des déclarations officielles des représentants du gouvernement allemand et de certains partis allemands qui nous dévoilent contre qui ces armements sont dirigés.

Si nous ajoutons à cela que beaucoup de représentants du peuple allemand remettent en question la frontière polono-allemande, nous devons reconnaître que l'opinion polonaise a raison de réclamer que les intérêts de la sécurité générale et, en particulier, de la sécurité de la Pologne soient efficacement garantis au moment où l'occupation de la Rhénanie doit cesser. Cette occupation a, j'ose l'affirmer, joué un rôle prépondérant dans l'oeuvre de la consolidation des nouveaux Etats et a grandement contribué au maintien de la paix et à la défense de la jeune république allemande contre les coups de force des communistes ou des monarchistes.

Nous voterons donc pour le projet de résolution présenté par la Commission des Affaires Etrangères, projet qui indique, entre autres, les moyens de réaliser la sécurité.

Coopération européenne.

Le 24 novembre dernier, se réunit au Palais du Luxembourg à Paris le congrès des délégués des comités nationaux pour la création d'un Comité Fédéral de Coopération Européenne Le congrès, ouvert par M. Doumer, président du Sénat français, siégea sous la présidence du prof. Emile Borel, l'un des principaux fondateurs de l'organisation. Les représentants de la Pologne — MM. Motz, Kamieniecki, sénateurs, et Thugutt, ancien député, prirent part aux débats, en qualité d'observateurs. L'article 1 du Statut qui fut adopté, a la teneur suivante:

ARTICLE 1.

Il est constitué une fédération des Comités Nationaux de Coopération Européenne qui prend le titre de *Comité Fédéral de Coopération Européenne*. Ce Comité a pour but de grouper méthodiquement, sans acception de partis, toutes les forces politiques, entre les nations européennes, dans le cadre et dans l'esprit de baisser progressivement les barrières qui les séparent, de raffermir leur désir de paix, de permettre la solution des questions qui leur sont propres, et, en général, d'augmenter leur bien-être moral et matériel.

Le Comité fédéral travaillera en liaison étroite avec *l'Union des Associations pour la Société des Nations.*

Pourront être admis tous les groupements ayant la coopération européenne pour but, quelle que soit leur dénomination. Ces groupements peuvent être des sections des Associations nationales pour la Société des Nations dans leurs pays respectifs. Ils devront, en tous cas, être en liaison étroite avec ces Associations.

L'admission, et éventuellement l'exclusion des groupements seront prononcées par décision du *Comité Exécutif* prise aux quatre cinquièmes des voix.

Le Comité directeur de la Fédération fut constitué comme il suit:

Président: le professeur Borel; vice-présidents: le Professeur Schücking de Berlin et M. Thugutt de Varsovie; secrétaire: M. Heile, ancien député allemand.

Le lendemain, le comité français de Coopération Européenne se réunit à l'amphithéâtre Richelieu à la Sorbonne, sous la présidence de M. Germain-Martin, sous-secrétaire d'Etat aux Postes et Télégraphes.

Le Président de la République Française et les représentants de presque tous les ministres assistèrent à la réunion. MM. Borel, Maxwell Garnett, représentant de la League of Nations Union anglaise, Heile et Thugutt prirent la parole. Ce dernier prononça l'allocution suivante:

Allocution de M. Thugutt.

„A mon grand et sincère regret, je ne puis me présenter devant vous en qualité de membre d'un comité polonais, analogue à votre comité français, car ce comité polonais n'existe pas encore. Bien qu'avant mon départ pour Paris j'aie convoqué à peu près une trentaine de personnages politiques, auxquels je me suis efforcé de dire tout ce que je savais de vos travaux et des buts que vous poursuivez, le temps pour nous organiser en comité nous a manqué. J'espère, néanmoins, que la prochaine fois que je viendrai prendre part à vos débats, je pourrai me présenter avec un caractère plus officiel qu'aujourd'hui.

Mais, profitant de l'occasion, je voudrais vous dire quelques mots, très brefs et très simples, sur les conditions dans lesquelles notre travail pacifique se développe en Pologne. Je suis membre d'une nation qui est peut être la plus pacifique du monde. L'histoire du pacifisme en Pologne, c'est l'histoire du peuple et de l'Etat polonais depuis leur formation jusqu'à nos jours. Je suis fier d'appartenir à cette race de braves soldats et de capitaines illustres qui, à une exception près, n'ont jamais mené que des guerres de défense. Nous n'avons jamais agrandi notre territoire, qui était pourtant jadis trois fois plus grand qu'aujourd'hui, qu'en agissant par l'amitié, par des unions entre peuples, par les libertés que nous avons offertes à tous ceux qui voulaient participer à notre vie commune.

Il me semble même — j'ose le dire — que notre amour de la paix a été quelquefois exagéré. Je me permettrai de vous citer un fait qui, d'ailleurs, est connu de tout le monde. C'était au début du XVIII-ème siècle, quelques dizaines d'années après la glorieuse victoire de notre roi Sobieski qui avait arrêté l'invasion musulmane sous les murs de Vienne. Je ne voudrais pas entrer dans les détails en analysant si cet effort suprême n'a pas été la cause de l'épuisement de notre peuple, ou s'il n'y eut pas à cela d'autres motifs encore, mais c'est un fait que la Pologne finit un jour par refuser de se battre pour n'importe quelle cause, même pour sa propre défense.

La croyance se répandit chez nous que, du moment qu'on ne voulait du mal à personne, qu'on ne désirait se mêler à aucune des querelles sanglantes des voisins, et qu'enfin, on n'aspirait qu'à vivre en paix et à travailler en toute tranquillité, on n'avait rien à craindre de personne. L'histoire a donné un démenti terrible et immédiat à ces rêves. Les trois coups mortels, connus sous le nom de démembrements de la Pologne, ont supprimé notre Etat et nous ont jetés dans l'abîme d'un asservissement qui a duré cent-vingt années. Si je vous rappelle cette triste histoire, ce n'est pas pour empêcher qu'on ne l'oublie tout-à-fait au moment des débats sur le désarmement et sur la sécurité ou, pour mieux dire, du désarmement sans la sécurité, mais pour vous prouver que nous avons toujours été de vrais pacifistes.

Et nous le sommes encore aujourd'hui. Nous savons que nous avons reconquis notre liberté grâce à la guerre mondiale et nous savons également qu'une autre guerre pourrait, peut-être nous perdre une seconde fois. Nous sommes donc des pacifistes par amour de l'humanité, par tradition et même, si vous le voulez, par calcul.

Mais il ne suffit pas de détester la guerre, ce fléau qui s'abat sur l'humanité depuis son berceau. Pour l'anéantir, il faut la combattre aussi énergiquement qu'elle-même combat la paix. Ne vous fiez pas à la stabilisation de la paix, ne vous endormez pas tranquillement parce que vous avez vu que tant de besogne a été faite au profit des traités signés. Les forces des organisations pacifiques augmentent chaque jour, c'est vrai, mais les forces de leurs ennemis augmentent, peut-être, encore plus. Ils n'osent plus défiler tambour battant et drapeaux déployés, mais ils empoisonnent les sources de la vie et, sournoisement, ils préparent des conflits. Notre vieille Europe me rappelle une maison où dans les ténèbres, l'on aurait semé de la poudre et où beaucoup de fous se promèneraient la torche à la main.

Je ne peux pas vous faire ici un traité de pacifisme; mais, voici quelques traits essentiels pour expliquer ma pensée.

Les frontières. Je ne sais pas si elles sont bonnes ou mauvaises. Je crois plutôt qu'en Europe, surtout dans l'Europe centrale, il n'y a aucune possibilité de tracer des frontières justes, en plantant un poteau et en y accrochant un écriteau: ici finit une nation et ici en commence une autre. Ce que je sais seulement, c'est que si nous pouvions oublier la question des mauvaises frontières, pas pour toujours (un tel mot n'existe pas dans le langage des hommes mûrs) mais pour une cinquantaine d'années, beaucoup de bonne besogne pourrait être faite en cet espace de temps.

Que dire ensuite de l'oppression de la liberté, de la liberté des peuples et de la liberté des citoyens, de tout ce mépris de la démocratie parce qu'elle ne sait pas faire de miracles, de cette course acharnée aux héros et aux prophètes, bien qu'on ne trouve souvent que des prestidigitateurs et des charlatans? On oublie une chose des plus simples: c'est que tout acte d'oppression nous conduit à une réaction qui cherche à repousser la violence par la violence. Qui saurait se vanter d'éviter la peste de la guerre en la préparant et en l'inoculant aux malades?...

Et cette lutte sauvage pour la richesse à tout prix? Je ne suis pas un apôtre venu ici pour vous prêcher la morale en vous convainquant que la misère est plus salutaire que le bien-être. Je suis pour le bien-être de tout le monde; mais je crois que le plus souvent, une des sources des guerres, c'est la volonté de s'enrichir ou d'enrichir sa nation aux dépens d'autrui, c'est la création d'industries qui étouffent, dans leur pays, ce sont les luttes pour les nouveaux marchés qu'on paye au prix du sang et de l'or.

Voici quelques-unes des racines du mal qu'il faudra attaquer à la hache si nous voulons vivre, si coulons créer une coopération des nations, si nous sommes de vrais pacifistes. Et il faut le faire au plus vite, il faut aller à l'encontre du mal sans hésitation, sans pitié pour le mal, sans répit comme sans défaillance.

On nous reproche d'être des idéalistes. Qu'est-ce que le réalisme politique?... Treize millions de cadavres semés sur les champs de bataille et plusieurs centaines de milliards de dette publique qui nous brisent les reins. Eh bien! je préfère mon idéalisme qui est inoffensif. Et s'il s'agit de combattre le mal, j'estime beaucoup le vieux dicton allemand: „l'attaque est la meilleure défense". J'aime mieux crier „sus à la guerre" que d'attendre la catastrophe dans la quiétude. Et si nous sommes trop faibles dans nos pays, unissons-nous par-dessus les frontières pour créer une puissance morale, pour nous connaître, pour nous préparer à la bataille, — et pour vaincre!..."

La séance s'acheva par un grand et beau discours de M. Germain-Martin.

TABLE DES MATIERES.

www.ingramcontent.com/pod-product-compliance
Ingram Content Group UK Ltd.
Pitfield, Milton Keynes, MK11 3LW, UK
UKHW022024170726
13837UKWH00001B/385

9 782329 197142